孩子的
天性

A Trio of Pursuits
Puzzles in Human Development

[美] 杰罗姆·凯根 著
(Jerome Kagan)

何子静 译

中信出版集团 | 北京

图书在版编目（CIP）数据

孩子的天性 /（美）杰罗姆·凯根著；何子静译. --
北京：中信出版社，2025. 6. -- ISBN 978-7-5217
-7544-0
Ⅰ. G61
中国国家版本馆 CIP 数据核字第 202502UV89 号

A TRIO OF PURSUITS: PUZZLES IN HUMAN DEVELOPMENT by JEROME KAGAN
Copyright © 2021 BY WORLD SCIENTIFIC PUBLISHING CO. PTE. LTD.
This edition arranged with World Scientific Publishing Co. Pte. Ltd.
through BIG APPLE AGENCY, LABUAN, MALAYSIA.
Simplified Chinese translation copyright © 2025 by CITIC Press Corporation
ALL RIGHTS RESERVED
本书仅限中国大陆地区发行销售

孩子的天性
著者：　　　［美］杰罗姆·凯根（Jerome Kagan）
译者：　　　何子静
出版发行：中信出版集团股份有限公司
　　　　　（北京市朝阳区东三环北路 27 号嘉铭中心　邮编　100020）
承印者：　　三河市中晟雅豪印务有限公司

开本：880mm×1230mm　1/32　　印张：5.75　　　字数：119 千字
版次：2025 年 6 月第 1 版　　　　印次：2025 年 6 月第 1 次印刷
京权图字：01-2025-1583　　　　　书号：ISBN 978-7-5217-7544-0
　　　　　　　　　　　　　　　　定价：59.00 元

版权所有·侵权必究
如有印刷、装订问题，本公司负责调换。
服务热线：400-600-8099
投稿邮箱：author@citicpub.com

目录

作者简介 V
推荐序 VII
序言 XI

第一章　孩子的哪些早期特征得以保留

依恋的概念 004
早期心理与行为特征并非永恒不变 007
特征保留系数的稳定性 009
研究的样本和设计 010
影响特征保留的因素 012
性别刻板印象 014
男女心理差异的生物学分析 014
性别差异的影响 017
个体对学术成就的追求差异 018
关于社会阶层的讨论 019

"相似图形匹配测试"的发现	020
结论	022

第二章　孩子行为发展的阶段性与连续性

儿童出生后的头两年	028
差异原则	029
注意力持续时间和年龄的关系	030
儿童出生后半年出现的新阶段	031
工作记忆的增强	032
儿童出生后的第二年	034
语言习得	034
对1~2岁儿童的纵向调查	037
孩子的推理能力与道德感	037
孩子的自我意识	041
人的道德感	042
将道德规范置于文化背景中	043
个人良知的重要性	045
儿童2岁之后的几年	046
认知天赋出现的时间点取决于环境	048
儿童大脑的成长	051
未来对气质倾向的研究	052

第三章　孩子发展过程中的行为抑制

日托研究	055
气质概念的发展过程	057
气质的定义	060
问卷调查的局限性	061
连续变量或分类变量	063
抑制型和非抑制型儿童	064
气质倾向的稳定性	068
儿童13岁时的评估	070
抑制型和非抑制型的生物学特征	071

第四章　高反应性和低反应性婴儿

婴儿的行为结果	082
儿童11岁时的评估	085
高反应性婴儿性格特征的分布变化	086
大脑左右半球激活的不对称性	086
脑干听觉诱发电位	088
心血管系统的指标	089
事件相关电位与时间敏感性	090
惊跳反射和皱眉肌	092
气质倾向是多种影响因素的结合	094
儿童15岁时的评估	097
对高反应性和低反应性个体的生物学测量	099

对儿童的最后一次评估	101
生活环境对成年人表面特征的影响	103

第五章　对研究的追问

检验测量模式之间的关系	109
收集观察结果时的环境	114
考虑地点和时间	119
自我概念的影响	120
结论的有效性	121
国家价值观	123
苦难的升级	124
社会阶层创造环境	127
统计的把戏	131
考虑语言的特性——易扭曲性	133
类别术语和特指个体	134
意象和词语	135
点状事件和渐进事件	138
描述大脑状态的词汇	139
科学实证破解迷思	141

译者后记	143
参考文献	147

作者简介

杰罗姆·凯根（Jerome Kagan）是美国哈佛大学心理学院荣休教授。他被视为发展心理学的奠基人之一。在全球100多万心理学研究人员中，他在2001年美国心理学期刊《普通心理学评论》评选的"20世纪百位最杰出心理学家"中排名第22位。他是美国艺术与科学院院士、美国科学促进会会士和美国国家医学院院士。他获得了众多杰出奖项，包括美国精神医学学会的霍夫海默奖、美国心理学会的斯坦利·霍尔奖、美国儿科学会的C.安德森·奥德里奇奖、耶鲁大学的威尔伯·卢修斯·克罗斯奖章，以及儿童发展研究会、儿童心理研究所和美国心理学会颁发的杰出科学家奖。他曾在美国国家科学院、美国总统科学顾问委员会、美国社会科学研究委员会、美国国家心理健康研究所和美国国家研究委员会等多个委员会任职。他撰写了20多部著作和数百篇文章。

凯根教授1929年出生于新泽西州的纽瓦克。受祖父对心理学浓厚兴趣的影响，他决定投身于这个领域。他于1950年毕业于罗格斯大学并且获得学士学位，于1954年从耶鲁大学获得博士学位。他在俄亥俄州立大学担任了 1 年的心理学讲师，1955 年至 1957 年朝鲜战争期间，他被招募到美国陆军医院工作。他职业生涯的下一站是费尔斯研究所，他在那里做了 7 年的研究员。凯根于 1964 年从哈佛大学获得教授职位，此后一直留任。

凯根教授的研究集中在婴儿和儿童的认知和情绪发展上。他备受尊重的开创性作品与气质的起源有关。在大多数心理学家认为个人特征是由环境因素而不是遗传决定的时候，他追踪了抑制型和不抑制型的儿童，观察他们从婴儿期到青春期的发展，发现成年人和儿童的害羞及其他气质差异都有遗传影响。1962 年，他出版了第一本具有里程碑意义的书《从出生到成熟》(*Birth to Maturity*)，书中展示了他的开创性成果。此后，他并没有停滞不前，在 60 年里又写了 20 多部著作。《孩子的天性》是他杰出职业生涯的最后一本书。

推荐序

每个孩子都是独特的个体

苏彦捷
北京大学心理与认知科学学院教授、中国心理学会理事长

作为心理学研究者，我始终相信，真正伟大的学术著作不仅能为学科注入新的生命力，更能跨越学术的藩篱，为教育者、家长乃至整个社会提供深刻的启示。

《孩子的天性》正是这样一部兼具科学严谨性与人文关怀的杰作。凯根教授以半个世纪的追踪研究为针，以跨文化的田野调查为线，将人类发展的奥秘编织成一幅既理性又诗意的长卷。他用跨越半个世纪的实证研究，揭示了儿童成长中"天性"与"环境"的复杂互动，其洞见之深邃、视角之广阔，令人叹服。

凯根教授以其敏锐的学术眼光，通过费尔斯研究所的纵向研究，首次指出气质这一先天倾向在儿童行为中的核心作用。书中对高反应性与低反应性婴儿的追踪研究，揭示了杏仁核兴奋性、神经化学差异等生物学特征如何与后天环境共同作用，最终塑造个体的行为模式。这种对先天禀赋的重视，更为教育实践提

供了科学依据——每个孩子都是独特的个体，教育者需尊重其内在特征，而非强加统一的标准。这种理性与人文并重的立场，为教育政策制定者提供了宝贵的平衡之道。

凯根教授的学术视野并未局限于西方社会。他对危地马拉玛雅村庄的田野调查，堪称跨文化研究的典范。在资源匮乏的环境中，儿童虽早期经历受限，却仍能通过成熟过程重新获得认知能力。这一发现打破了"早期逆境必然导致终身缺陷"的悲观论调，彰显了人类发展潜能的弹性。书中对比古希腊与中国哲学对"实体"与"过程"的不同理解，更揭示了文化如何潜移默化地影响科学范式的选择。这种跨文化视角提醒我们，儿童发展的普适规律与本土实践需有机融合。

《孩子的天性》绝非一本晦涩的学术专著。凯根教授将复杂理论融入鲜活案例——从胆怯的幼儿成长为依赖型成人的追踪，到日托研究中种族差异的意外发现，再到青春期少年对焦虑的克服——每个故事都可以看到科学与人性的交织。对于教育者，本书是理解"因材施教"的生物学密码；对于父母，它是放下育儿焦虑、接纳孩子本真的指南；对于心理学研究者，它更是一部方法论指南，给研究者带来新的思路。凯根教授以耄耋智者的胸怀，对心理学研究本身展开深刻反思。这些反思不仅是方法论的革新，更是一种科学伦理的召唤：研究者需以谦逊之心面对自然界的"奇特"，在证据与想象间保持张力。

作为发展心理学的奠基之作，《孩子的天性》超越时代。在教育内卷加剧的今天，我们更能体会凯根教授的深远预见：唯有承认天性的力量，方能真正解放教育的可能。这本书提醒我们，每个孩子都是一颗独特的种子，带着与生俱来的生命密码；我们的使命，不是扭曲其生长的方向，而是倾听其内在的节奏，为每一株幼苗找到绽放的土壤。

序言

作为一名研究发展心理学的学生，我认为在我漫长而令人满意的职业生涯中最重要的三项实证研究成果，构成了这本书的核心内容。因为大多数研究人员都持有一些指导他们研究的预设前提，所以阐明我的信念，可能有助于读者理解我提出的研究问题，以及我和我的学生收集的研究证据。

我的一些信念的起源可以追溯到20世纪30年代大萧条时期，新泽西州中部一个拥有2万居民的城市里，我在一个普通中产阶层家庭的童年经历。这种环境使我敏锐地意识到与社会阶层、性别、种族和宗教差异相关的心理特征。因此，我一直在检验我的数据，以了解这些因素产生的影响。

我的一些高中同学曾因我的犹太身份贬低我，这使我认为自己是一个不受欢迎的局外人，但这种自我认知的好处是，我更勇于追问社会现象，并提出可能不太受欢迎的研究假设。许多年前，加利福尼亚大学的心理学家采访了由建筑师同行提名的最具创意的建筑师，并随机抽样出成功但缺乏创意的建筑师控制组。创意组建筑师更经常感到被同龄人排斥，他们解释说，这些被排斥的经历让他们的脸皮变厚，从而能够承受同行的批评。

当代心理学家常用的策略是检验一个假设和一个结果之间的关系，但我的习惯是收集尽可能多的测量数据。我很难具体说明这种与众不同的习惯的起源。我其实很早就意识到，每个证据来源都有一些差异，这些差异中的一部分是该研究过程所特有的，还有一部分可以归因于信念。玻尔洞察到：任何推论都不能超越其证据来源。这意味着，将多个来源的数据结合起来，有望提供更有效力的结论。

我一直对抽象的、先验的概念不太信任，这些概念反映了研究人员对自然界应该如何组织的个人偏好。每次读到关于人类细胞的内容和功能的文章，我都会想起霍尔丹的观点，即大自然比我们想象的还要奇特。我的大部分实证工作都是由一个令人费解的观察结果推动的，这些观察结果似乎是一个重要问题的标志。我很幸运耶鲁大学的比较心理学家弗兰克·比奇成为我的研究生导师，他研究了不同物种的性行为。他是一个快乐的培根主义者，经常来到我的小办公室问："我们今天会发现什么？"

最后一个信念是一种不可抑制的欲望的产物，即理解我们物种的心理特征。大多数自然科学家属于两个群体之一。其中一个群体人数较多，他们希望解开一个谜团，该谜团符合彼得·梅达沃的建议，即能够解决一个有理论意义与可测量性的问题，具体的现象无关紧要。如果 1950 年找到的天花的病因符合这些标准，克里克和沃森可能会选择这个问题作为他们的研究目标。这一群体是诺贝尔奖的候选人。

另外一个群体则人数较少，他们想了解一个特定的物种、现象或实体，他们知道自己可能会阐明某一现象，但仍保留其大部分的神秘感。他们满足于在黑暗的森林里点燃蜡烛，一些人对雪豹感兴趣，另一些人对火山感兴趣。我选择心理学而不是生物化学作为研究方向，是因为人类思想和信念的发展是我必须了解的奥秘。希望了解人类偏见存在的基础是我选择这一目标进行开创性探索的原因之一。

选择心理学作为研究领域在20世纪50年代很流行。那时候并没有大流行病，也很少有人关注气候变化、新能源或者陆地和海洋污染。相反，一些主要的问题是如何预防犯罪和精神障碍，以及儿童为什么会发展出不同的个性。对许多大学四年级学生来说，心理学家，尤其是那些研究儿童的心理学家，显然希望解开这些谜团。如果1950年美国禁止了在实验室环境中对婴儿和儿童进行研究，那么我不确定我会选择哪条职业道路。

本书概况

这本书的前四章描述了我提出的三个问题及其推论，这些推论可以阐明一些科学家和公众感兴趣的现象，最后一章包含了我在过去60年里总结的经验教训。

从生命早期到晚期，心理特征的稳定程度一直是那些来自西欧或北美的研究个体发展的学者的主要关注点,亚洲科学家对这一主题的关注要少得多。产生这种文化差异的原因尚不清楚。古希腊人把事物作为所有可观察现象的基础,古代中国人则认为阴阳互补的力量比实体更重要。也许中国比欧洲更频繁的水旱等严重自然灾害,让中国人不得不关注产生如此显著后果的无形能量。一条流淌的河流,是中华文明最普遍的象征,意味着不断的变化。相比之下,孤鹰是美国的象征。汉语中有20个用来描述一个物体可以被如何持有或携带的动词,而英语中只有少数几个。

中国的哲学家提出的观点比阿尔弗雷德·诺思·怀特海的过程哲学早了2000年:观察到的事件是不断变化的过程的产物,而不是具有固定属性的有界实体。中国古代思想认为:"日中则昃,月盈则食。"西方科学家的传统是把主体与客体、真与假、善与恶区分开,中国学者则融合了这些对立的观点。

欧洲人将事物看作基本实体的信念,导致他们认为心灵的模型应该像在石板上刻着的永恒记号。18世纪的新教牧师定期告诉他们的信徒,母亲与自己婴儿的互动会赋予孩子永恒的特征。18世纪的一位美国专家说:"如果人类能够追溯到每一个结果的原因,他们可能会发现,一个人的道德或邪恶,一个家庭的幸福或痛苦,以及一个国家的荣耀或耻辱,都源于摇篮时期,由护士或母亲的偏见所主导。"(Smith, 1965)这一观点在当代具体体现在有关安全型与不安全型婴儿依恋关系的文章中。

20 世纪 20 年代，几家美国私人基金会资助了不同机构的纵向研究。俄亥俄州耶洛斯普林斯镇的费尔斯研究所便是其中之一，因为安迪亚克学院（Antioch College）院长亚瑟·摩根说服了塞缪尔·费尔斯：相比于费尔斯基金会总部所在地费城的家庭，俄亥俄州西南部的家庭更不可能迁走。摩根的论证是成功的，1929 年，研究所的工作人员开始为一个纵向项目招募育有婴儿的志愿家庭，幸运的是，该项目收集了大量关于儿童在家庭和研究所附属托儿所中的行为描述。

该研究所于 1956 年收到了来自美国国立卫生研究院的研究资金支持，该研究旨在研究儿童在生命早期表现出的行为是否与其 30 多岁时的特征有关联。该研究所的所长莱斯特·桑塔格曾邀请两位不同的心理学家指导这项研究，但都被拒绝了，这令他感到沮丧。幸运的是，他记得 1954 年春天在我导师弗兰克·比奇的办公室里与我的短暂会面。这次偶然相遇是许多小概率事件之一，但这些事件共同塑造了我的研究生涯。

1957 年 12 月，桑塔格给我打电话，我正在纽约西点军校的美国陆军医院工作（1955 年我应征入伍后就被分配到那家医院）。他给我提供的这份工作是其他心理学家曾拒绝的，而我当时还有 2 个月就会退伍，回归普通人的生活，我一直在为我的职业生涯而苦恼。我接受了他的邀请，来到耶洛斯普林斯镇研究儿童的行为数据。在看到每个儿童从婴儿期到 14 岁的大量数据后，我认识到我有机会得出重大发现，但我发现研究无果的风险同样很高。我的导师弗兰克·比奇曾告诫我，如果我在接下来的五六年里选择俄亥俄州耶洛斯普林斯镇这样一个与世隔绝的研究环境，我的学术生涯很可能会默默无闻。我意识到了风险，但还是接受了桑塔格的邀请，因为直觉告诉我，数据也许可以帮助我们回答一些关于心理特征和信念如何保留的问题，这是我想解决的谜题之一。第一章总结了我的同事霍华德·莫斯和我的成果，这些成果验证了我之前的假设。

只有极小的可能性能够从儿童出生后前六年的行为预测其成年后的特征，这是一个意外的结果，也是促使我1964年加入哈佛大学后不久就对婴儿进行后续纵向研究的原因。对费尔斯研究所的项目数据进行分析的第二个意外结果将在第三章和第四章中详细描述，这一成果为20年后的气质研究做出了贡献。一小部分两三岁的非常胆小的儿童，在面临最轻微的风险环境时会不断退缩，他们长大后会变得异常依赖他人。由于这一群体与样本中的其他人在家庭环境、阶层或性别方面并没有差异，莫斯和我就提出了这样的研究假设，即儿童生来就有自己的气质倾向。然而，直到1979年，当其他观察结果支持这种假设时，我才开始真正研究这个假设。

有关儿童在出生头两年对熟悉和不熟悉事件的注意力研究发现：婴儿对人脸的注意力持续时间和年龄之间的关系可以用一个令人意想不到的U形函数来表示，该函数的最低点在6~8个月之间。这一结果表明，在出生半年后，婴儿出现了一种新的认知功能。根据皮亚杰关于婴儿客体永久性、避开视崖、对陌生人和分离的恐惧的数据，这些现象都出现在婴儿7~9个月时，所以我假设这些现象都是工作记忆增强的结果，工作记忆增强使得年龄较大的婴儿能够提取过去事件的图式，并与现在事件进行比较。如果将现在与过去联系起来的尝试失败了，会引起一些婴儿的持续注意或痛苦。这就是为什么许多 6 个月或 7 个月以上的婴儿会在面对不熟悉的成年人或在不熟悉的环境中主要看护人突然离开时会哭闹。

这些数据表明，针对儿童出生后的第二年进行纵向研究是明智的，有望发现尚未被发现的行为模式。在以约翰·华生、B. F. 斯金纳和尼尔·米勒为代表的行为主义主导了美国心理学家的实证研究之前，心理特征的发展是一个流行的研究话题。行为主义还认为语言和道德感的出现是后天习得的，而不是发展的必然产物，这一观点一直压抑着这一领域的研究。直到 20 世纪 70 年代，少数研究人员报告了婴儿行为似乎依赖于大脑有规律的发展，例如工作记忆增强、能够表达的句子长度增加，以及模仿能力和与同伴玩耍质量提高。我们的研究也证实了早期的观点，即推理、语言、道德感和自我意识在出生后的第二年出现。在第二章里我介绍了得出这些推论的证据。

第三章和第四章总结了对两种儿童气质倾向的研究，其起源于两种不同的观察结果。我经常思考费尔斯研究项目数据中的那一小群胆小的 3 岁儿童，为什么他们变成了过度依赖他人的成年人？一项旨在评估日托对婴儿影响的研究提供了另一种可能的原因，该研究是由理查德·基尔斯利和菲利普·泽拉佐共同完成的。

20世纪70年代初，越来越多的职场母亲对白天照顾婴儿的日托中心产生了需求，当时的尼克松政府正在考虑一项用政府资金建立日托中心的提案。但是在1970年，大多数美国人担心失去一周五天、每天八小时的母亲的照护，会对孩子产生消极影响。因此，显然需要对此类照护的后果进行评估。我们研究了同等数量的白人和华裔婴儿，他们中的一部分在3~29个月大时参加我们的日托中心（中心组），另一部分只在家中抚养（家庭组）。令我们惊讶的是，日托的出现对儿童的一系列发展指标几乎没有影响。然而，种族的差异产生了影响。与欧洲血统的婴儿相比，在家庭组和中心组的华裔婴儿更安静、更不活跃、更胆小。这一结果与费尔斯研究项目的观察结果相结合，使得对婴儿气质的研究提上日程。

第三章介绍了我们对儿童大胆或回避风格的初步研究。我们发现，个体在童年时期接近或回避陌生但不带来威胁的物体、人或环境的倾向是比较稳定的。这一观察结果引发了我们对婴幼儿这些习惯来源的探索。第四章介绍了这项研究的细节。证据表明，4个月大的婴儿对不熟悉事件的反应定义了两种气质倾向，我称之为高反应性和低反应性。

最后一章总结了我在持续阅读并对所有三项研究的结果进行思考后，逐渐产生的三个新信念：检验测量指标模式的重要性，承认环境对数据收集的影响，以及使用语言来描述观察和推断的困境。这三个观点在我晚年变得更加清楚明确。

每个作者在撰写手稿时都会假想手稿的读者。心理学研究生、年轻的心理学研究人员，以及对心理学好奇的自然科学家，构成了我的假想读者。

我希望一些读者能找到一些有趣的想法，正如我能在其他人的书中找到同样有趣的想法。另外，当在书中提到一个人时，我将随机使用"她"和"他"，以避免写成"她/他"。

我要感谢罗伯特·凯根、马歇尔·黑思和珍妮特·凯根对本书初稿提出的富有学识的建议。

第一章
孩子的哪些早期特征得以保留

1960年以后出生的读者可能会难以理解20世纪上半叶大多数美国心理学家对儿童发展的假设。那时候，大多数心理学系的高级研究人员都在研究迷宫和笼子里的啮齿类动物如何学习新习惯。这种对学习的关注主要源于平等主义精神。平等主义精神一直是美国身份认同的核心。在1750年至1920年间有3500多万欧洲移民抵达美国，美国必须同化这些移民，并教育他们的子女。这种同化移民的负担迫使他们否认生物学上的差异，并对一种信念深信不疑，即相信在儿童发展早期通过干预获得的那些想法、技能和价值观可以无限期地保留下来。

20世纪50年代著名的社会科学家杰弗里·戈尔笃定地宣称："早期养成的习惯会影响后续所有的学习。因此，幼儿时期的经历至关重要。"（Gorer, 1955）30年前，一位心理学家也写道："只有无知的人才会带他们的小婴儿去看电影……他们可能没有出现任何不安的迹象……也没有出现立即显现的症状，但总有一天结果会显现——可能在20年甚至40年后结果才会全部显现，但最终会全部显现的。"（Fenton, 1925）

这种认为习惯、信仰和情感可以无限期被保留的信念,与中国古代思想家认为没有什么是永恒的信念,形成了鲜明对比。这种差异反映了一种分歧。分歧双方围绕着儿童特质能否保持稳定,当前环境能否改变儿童特质,以及儿童能否在稳定和变化之间保持平衡展开争论。比如,许多长期逆反的4岁儿童最后成了守法的成年人。

依恋的概念

华兹华斯的"少年时代可决定一人之未来"的观点,在很多作品中出现。这些作品同样讨论了婴儿对生母的依恋关系质量对其成年期人格特征的影响。英国精神科医生约翰·鲍尔比确信,婴儿对看护人的感情和行为会对其成年期人格产生持久的影响。鲍尔比接受了圣依纳爵·罗耀拉的主张,圣依纳爵生活在16世纪,作为牧师,他创立了耶稣会。他曾写下一句话,在350年后被行为主义者约翰·华生借用:"给我一个7岁的孩子,我就能知道他成年的样子。"

鲍尔比这一信念的一个主要来源是那些独自住在伦敦一家医院病房的2岁儿童的痛哭,尽管那些在医院收集数据并向他报告这一观察结果的同事也告诉他,非常小的婴儿和3岁以上的儿童在同样的条件下并不会哭。

几年后,鲍尔比观察了在威斯康星大学哈里·哈洛实验室的恒河猴的异常行为。这些恒河猴在出生时就与母亲分离,并被一个铁筒"饲养"。但是鲍尔比忽略了这样一个事实，即如果用毛巾覆盖在铁筒上饲养猴子，或者如果这只猴子是和更小的猴子一起被养大，那么这只猴子的行为就比较正常了。鲍尔比确信，个体在第一年与母亲的关系奠定了终身的情绪状态。于是他出版了一系列关于依恋的书，其中的第一本是在1969年出版的（Bowlby, 1969）。

这本书之后，埃里克·埃里克森出版了一本颇具影响力的书《童年与社会》，他在书中宣布，婴儿期与父母相处的经历决定了其成为年龄较大的儿童和成年人后是否会信任他人（Erikson, 1963）。尽管没有任何证据支持鲍尔比和埃里克森的说法，但只要公众愿意相信这些说法的有效性就足够了。诺贝尔经济学奖获得者保罗·萨缪尔森和文学奖获得者加夫列尔·加西亚·马尔克斯7岁前都被父母送去由朋友或祖父母抚养，如果鲍尔比和埃里克森得知这个消息应该都不会开心。尽管这两位诺贝尔奖获得者都对与父母分居的事感到不满，但两人都没有严重的心理问题，都原谅了自己的父母（Backhouse, 2017）。

鲍尔比意识到需要为他推测的假设找到实证支持。他在约翰斯·霍普金斯大学工作的前学生玛丽·安斯沃思负责这一项目。她的学生观察了少量居住在巴尔的摩的母亲的育儿实践。安斯沃思需要一个程序来评估每个婴儿对母亲的依恋质量。因为孩子在离开主要看护人时的反应是评估依恋关系的主要特征，所以她发明了陌生情境实验。实验流程是让母亲将婴儿暂时留在一个陌生的房间两次，一次是和陌生人在一起，另一次是婴儿独自一人。

因为婴儿直到出生半年后才会对这种刺激感到不安，所以安斯沃思对 1 岁的孩子进行了测试。一位母亲和她的孩子来到大学里一个陌生的房间，在实验中母亲多次起身离开房间，并在 3 分钟后回来。如果她的孩子哭了，她会设法安抚不安的孩子。大多数婴儿哭了，但他们的母亲很容易让他们安静下来；有一小部分婴儿从未哭过，还有同样数量的一小部分婴儿非常痛苦，无法被安抚。

安斯沃思和她的学生需要判定哪种婴儿的反应模式反映了安全型的依恋，哪种反应模式反映了不安全型的依恋。他们认为，母亲回来时正在哭泣但很容易被安抚的婴儿拥有最安全型的依恋；那些不哭的婴儿或者那些痛苦到母亲无法安抚的婴儿，被认为拥有不安全型的依恋。安斯沃思从未考虑过婴儿的气质倾向也许可以解释他们获得的实验结果，尽管安斯沃思几年前在乌干达观察婴儿时就发现了这种可能。此外，众所周知，一些婴儿被单独留在一个陌生的房间时，特别容易感到痛苦（Arsenian, 1943）。

当安斯沃思的研究结果于 1978 年发表时（Ainsworth et al., 1978），数百名年轻心理学家开始观察 1 岁儿童在陌生情境中的反应，他们相信自己拥有了可以灵敏地测试婴儿与父母依恋关系的工具。这些研究中没有一项评估了母亲在家中与婴儿的互动，也没有评估婴儿成年后的特征，用以揭示婴儿在陌生情境中的行为是否确实有助于有效预测这些婴儿未来的行为。

早期心理与行为特征并非永恒不变

我在 1972—1973 学年休假期间的观察结果，促成了我与罗伯特·克莱因发表的一篇论文，这篇文章质疑了鲍尔比，以及所有主张婴儿心理与行为特征永恒不变的人（Kagan & Klein, 1973）。我在危地马拉城的一个研究所进行实地考察时遇到了罗伯特·克莱因。官方访问结束后，他开车带我向西北方向行驶，前往阿蒂特兰湖，这是一个巨大的钴蓝色湖泊，周围有许多居住着玛雅印第安人后裔的村庄。圣马科斯-拉拉古纳这个贫穷的、与世隔绝的小村庄，似乎是一个观察非西方背景下儿童和父母的绝佳场所，可以满足人们对儿童在不同于美国的环境中成长过程的好奇心。我那时就决定在这里度过这一年。我在这里最重要的观察结果挑战了儿童早期心理特征保持稳定的假设。

因为村民们认为如果暴露在陌生人的注视下，尤其是野外工作归来的男子的注视下，脆弱的婴儿很容易受到消极影响，所以婴儿被放在小土坯房后面的吊床上，没有玩具，直到他们能走路才可以出来。走路的能力在当地被视为一种婴儿新获得的保护自己免受伤害的标志。这些婴儿刚被允许暴露在阳光下时，他们脸色苍白、身体虚弱、反应迟钝。美国的心理学家会将这些特征归类为严重智力障碍的表现。这种形象与当地五六岁孩子的心理特性形成了鲜明对比。这里五六岁的孩子表现得活泼开朗，与我在波士顿街头看到的孩子相似。此外，我们对当地年龄较大的儿童进行的认知测试表明，他们的推理和记忆能力水平与美国儿童的正常水平接近。很明显，随着时间的推移，婴儿的心理与行为特征并没有保留下来。

罗伯特·克莱因和我认为，这一观察结果揭示出，只要后来的环境提供了机会，让孩子重新获得能够遗传的与生俱来的技能和认知天赋，在缺乏丰富体验的受限环境中度过人生的第一年，并不会使孩子注定成长失败。研究人员追踪了那些在管教机构生活不到两年或者因第二次世界大战而陷入贫困的儿童的成长情况，结果也证实了这一观点。

我们那时很天真——克莱因和我没有意识到20世纪70年代美国的时代思潮。政府资助建立了启蒙计划中心，旨在给贫困儿童提供更多体验，让他们有希望获得适应美国社会所必需的认知技能和调节能力。许多发展心理学家担心，我们的论文会驱使国会削减这些资助，因为我们写到，剥夺婴儿出生后第一年的丰富体验并不一定会造成永久性的智力障碍（Kagan & Klein, 1973）。这些批评者并不承认克莱因和我这里针对的其实是所有健全儿童都会发展起来的基本认知能力，而不是词汇量、对世界各种事实的了解程度，以及知道如何做乘法或如何参加考试这些高级认知能力。

克莱因和我后来又做了一次尝试，对6~18岁的儿童进行评估，以支持我们的观点。戈登·芬利和芭芭拉·罗戈夫评估了两组参与者在较难的记忆测试中使用复述和语义分类的情况。这两组参与者分别来自圣马科斯及其附近较大的村庄圣佩德罗。后者拥有良好的学校和有组织的经济。伊丽莎白·诺兰对马萨诸塞州剑桥的儿童进行了同样的测试。结果显示，圣马科斯的儿童获得这些记忆技能的时间晚于现代社区的儿童，但他们确实获得了这些技能，因为成长过程要求如此。我将在第二章提供关于这项研究的更多细节。

那些来自世界各地偏远村庄的大多数未受教育的8岁儿童，在韦氏智商量表的信息和词汇量表上得分较低。但这些儿童在对4幅熟悉物体图片的位置进行短时记忆，从物体的一些特征中推断出物体名称，观察物理属性上相似但不完全相同的物体之间的差异，以及抑制对刺激的反应这几个方面，与波士顿的儿童水平相当。现在，几乎所有在美国学校不及格的儿童都具备这些能力——所有的孩子都有这些天赋。但1957年，我还没有这方面的证据，当时的我不得不决定究竟是去费尔斯研究所工作（该研究所位于俄亥俄州哥伦布市和克利夫兰市之间的耶洛斯普林斯小镇），还是回到我1955年入伍前在俄亥俄州立大学的教员岗位。

特征保留系数的稳定性

在1957年的时候，很少有研究人员用强有力的实证研究检验哪些特征会从儿童早期一直保留到成年。在莱斯特·桑塔格要求我负责实施一项美国国立卫生研究院基金项目时，没有一个机构曾通过行为观察，从婴儿期到青少年期跟踪同一个样本的多种心理特征。费尔斯研究所做到了，这就是为什么我接受了这项研究，负责在儿童期的数据和从愿意再次参与研究的年轻人那里收集到的数据之间寻找有意义的联系。

自然科学家对特征保留的定义和心理学家不同。前者是与自身比较，即一个实体或者特征，无论是原子、分子、遗传因子还是细胞，随着时间的推移与自身进行比较。相比之下，心理学家研究的是一种特征的相对保留，即将每个人在一种特征上的得分与特定样本中其他人的得分进行比较。几乎所有儿童在10岁前的哭闹频率都在下降。但是，如果100名儿童中的每个人在1个月到10岁间的哭闹频率保持相同的等级，则此时特征保留的系数达到最大值1.0。特征保留的定义意味着所有结论都取决于所研究的样本。比如，在收入不平等程度较高的社会中，儿童从出生到青春期的体重保持系数，比在收入不平等程度较低的社会中的体重保持系数高。费尔斯研究所的项目评估的正是这种系数的稳定性。

研究的样本和设计

该样本由44名男性和45名女性组成，他们有欧洲血统，在20世纪30年代大萧条时期在俄亥俄州西南部成长。虽然这个群体并不能在1957年或2020年代表美国人，但我们的结果并没有被后来的研究所推翻。因为我们发现的模式对当代心理学的研究有着重要的意义，所以对这一代心理学家来说，对这项研究的描述可能很有价值。

最重要的儿童期证据包括对母亲及其孩子在家中详细的行为描述，这些描述在儿童6岁前每半年收集一次，在儿童6~12岁每年收集一次。我们还在研究所附属幼儿园对2.5岁至5岁的儿童每半年进行一次观察，对6~10岁的儿童每年进行一次观察。此外，对6~14岁的儿童进行了多次心理测试和访谈。

量化儿童行为的唯一合理策略是，在获得观察者描述的研究对象的行为后，对其进行心理学上的维度划分。因为行为会随着年龄的变化而变化，所以我们对四个年龄阶段进行了单独的评估：婴儿期至3岁、3~6岁、6~10岁和10~14岁。霍华德·莫斯刚刚从俄亥俄州立大学获得博士学位，他先对所有儿童在前一个年龄阶段进行评分，再开始下一个年龄阶段的评分。这个方式最大限度地减少了对某一儿童更早阶段行为的记忆的干扰。幸运的是，另一位心理学家独立的评分与莫斯的评分一致，两组评分之间的相关性在0.80~0.89之间。莫斯对儿童在成年后的特征并不知情。

我负责采访和测试仍住在附近的71名成年人，他们愿意继续参与项目。我对他们童年时的特征并不知情。这些数据收集于1957年至1959年，这些成年人在数据收集时的年龄在19岁至29岁之间。28%的人没有上过大学，50%的人上过大学，22%的人是大学毕业生；71人中有70人是基督徒。

我按照固定的提问顺序采访了每个成年人。在听了采访录音后，我用7分制量表对每个参与者进行了44个因素的评分。我还实施了多种更加客观的研究流程，在下面提供证据时，我将对这些研究过程进行描述。

影响特征保留的因素

最重要的结果是，莫斯评分的、儿童6岁前的行为大多不能预测任何成年后的特征。用儿童6~10岁所显示的特征来预测其成年后行为的有效性有所改善，相关系数在0.3~0.7之间。这一说法的一个例外是，少数3岁以下的幼儿如果一直倾向于回避新奇事物和轻微威胁，他们在成年后被报告与配偶或浪漫伴侣有依赖关系。

一位22岁的女性在2岁和3岁的时候都是回避型的，随着年龄的增长，她仍然保持着胆小的性格。该研究所附属幼儿园的一位观察员指出，在她6岁的时候，她很少拒绝同伴的要求，也很少对别人抢夺她的玩具进行反抗。被戏弄时，她通常会跑到其中一个成年人那里寻求保护。两年后，她被描述为一个"敏感、脆弱、胆小又紧张的孩子"。女孩9岁时，她的母亲告诉采访者自己的女儿"很容易泄气，讨厌在任何事情上失败"。这个女孩成年后，她更愿意依靠丈夫做所有重要的决定。她告诉我："必须有人跟我说——是的，去做吧……我不喜欢自己去做事情。"这一观察结果成为我18年后研究婴儿气质的原因之一。

与女性保留着怯懦特征相反，男性从上学到成年显著保留着攻击和敌视他人的特征，但对女性而言这一点并不显著。孩子的这类行为包括对母亲或同龄人的公开攻击、受挫时的极度愤怒，以及与同龄人的过度竞争。成年期的这类行为包括对他人的言语攻击和拒绝他人的要求。

一个男孩在 7 岁时被描述为"冲动，经常对他人怀有恶意"。他经常破坏同龄人的组装玩具，沮丧时会变得愤怒。10 岁的时候，他故意在走路时弄出噪声，与老师针锋相对，还"自以为是、挖苦人"。27 岁时，他坦言："我每天都对司机感到愤怒……我对这样的事情感到非常不安，并因为那样发脾气而受到批评。"当他的妻子提醒他挂上外套时，他会变得很生气，但之后他也会为自己的情绪爆发感到懊悔。

第二个男孩对同龄人同样咄咄逼人，不听从他人对他的要求，有一次在家里按死了刚孵出的麻雀。在 12 岁时来到研究所期间，他时常"恶狠狠地威胁他人和摆出愠怒的表情"。他在成年后的访谈中承认，他公开地表达了对房东和妻子的敌意，并认为所有人都会仇视他人。

性别影响了特定特征的保留是第三个重要发现。当该特征与每个性别的当前性别角色规范相一致时，特征保留得到加强。这就是为什么在上学期间，对陌生事物的怯懦和回避预测了女性在成年后会有类似的行为，而男性不会有这样的行为。毫不奇怪，那些曾经是胆小女孩的女性更喜欢有经济保障的工作，即使其薪水低于风险较大的工作。虽然与 1957 年相比，2020 年的性别角色规范对女性的限制要小得多，但对 45 个国家的调查显示，许多当代女性仍然更倾向于选择能够提供经济保障的伴侣，而不是身体有吸引力的伴侣；男性则具有相反的倾向（Walter et al., 2020）。

性别刻板印象

大多数社会科学家认为,在人群中可以观察到的大多数性别差异,都是后天遵循文化性别角色规范的习得产物。所有孩子都会自动将自己的特征与其他孩子的特征进行比较,从而形成不太随外部环境变化的自我表征。在许多情况下,学龄女孩开始意识到大多数男孩比大多数女孩更强壮、肌肉更发达、更具攻击性、更倾向于支配同龄人、更愿意在身体上冒险,这有助于女性性别认同的确立。这种认知导致一些女性青少年选择一个不需要与男性竞争的专长领域。

研究人员邀请了来自不同社会环境的成年人,让他们根据名词与 50 组反义词的其中一个的相关程度对一些名词进行评分,这些反义词包括大——小、强——弱、重——轻、友好——刻薄、好——坏、深——浅和主动——被动等。该研究显示,涉及男性角色或对象的名词被认为与大、强和重等形容词更相关(Osgood et al., 1975)。事实上,除印度教外,大多数男性书写的宗教经文都将上帝、安拉或类似的神视为男性,这使男孩更容易认为自己应该占主导地位,女孩更容易接受顺从的角色。

男女心理差异的生物学分析

虽然日常行为以及焦虑障碍和抑郁症中的性别差异可被归因于历史环境允许男性主宰社会并制定规范,但生物学证据使得一些性别差异更容易理解。尽管不是所有人都存在这些差异，但生物学对研究男女心理差异的证据是强有力的，肯定会引发激烈的争议。第二个启示更为重要。无论是生物学上的还是实证研究上的差异，都不会对社会的法律或个人追求理想目标的机会产生影响。一个社会可以安全地忽视任意某个甚至所有差异，而不会对其经济、权威或诚信造成严重损失。比如，女性可以到前线当兵，男性可以成为幼儿园教师。

两性在基因组、身体结构、表观遗传标记、减数分裂重组、DNA中被称为单核苷酸多态性的微小变化的亲本起源、大脑化学和免疫反应等方面都存在差异。男性胎儿、婴儿和青少年分泌的性激素——睾酮——是导致各种性别差异的主要因素，包括肌肉质量、骨骼和大脑的差异。例如，这种激素对男性胼胝体的突触修剪多于女性胼胝体。因此，男性的大脑右半球更不受涉及语言的大脑左半球影响。

不同性别的人在顶叶的结构上也有所不同，这使男性在空间推理方面更具优势，在涉及空间关系的物理和数学方面也更具创造力（Salinas et al., 2012）。此外，女性的前额叶皮质和脑岛体积较大，这两个区域有助于调节行为和意识感受。相比之下，男性的枕颞皮质、壳核和小脑体积较大，这些区域参与物体识别和运动。这些性别差异的产生主要是由于这些位点的基因表达差异（Liu et al., 2020）。

虽然睾酮是男性阴茎和睾丸等第一性征发育的基础，但另一种相关分子（即双氢睾酮）是男性第二性征发育的基础，形成了男性包括更健硕的肌肉、更宽的脸、更突出的下巴、更薄的嘴唇和比无名指短的食指的特征。食指和无名指长度的比例被称为"2D∶4D"，被认为是产前睾酮分泌并作用于腕骨雄激素受体的结果。那些食指和无名指的比例小于0.98的男性更有可能成为运动员，更爱冒险，并担任高管。

杏仁核的主要功能是唤醒自主神经系统，它会让人产生有意识的感觉，这种感觉具有令人不快的特点，通常被解释为焦虑或恐惧。睾酮抑制杏仁核活动的事实表明，男性不太可能经历被解释为焦虑的感觉。目前，被研究的15个国家中患有焦虑或其他情绪障碍的女性与男性的比例都在1.7到1.8之间（Seedat et al., 2009）。

此外，大多数女性的心率较高，可能使她们容易焦虑。每一次心脏收缩都会产生一个信号，该信号在200~400毫秒后到达大脑，并在许多脑区重置振荡模式的相位。这种被称为心跳诱发电位（HEP）的信号激活岛叶皮质，岛叶皮质反过来产生一种大脑状态，这种状态是可以产生一种穿过意识并吸引个体关注的主观感觉。

女性平均每两秒钟有三次心脏收缩和三次HEP，而男性平均每两秒有两次。在一天保持唤醒状态的10小时内，女性通常有54 000次HEP，而男性只有36 000次HEP。因此，可以合理地推测，这些更频繁的大脑状态中断会使女性容易受到她们可能解释为担忧、紧张或恐惧的心理状态的影响。被诊断为社交焦虑障碍的美国女性在得知自己的心率正在上升时，其HEP信号产生的数量比其他女性更多（Judah et al., 2018）。最后，许多研究报告称，女性比男性对疼痛更敏感，对同样强度的疼痛刺激的不适感更强（Mogil, 2012）。这一事实将使女性更倾向于避免可能导致身体疼痛或心理不适的情境。

性别差异的影响

一系列证据引发了我们的以下猜想，以解释强有力的观察结果：在不同文化和时代中，女性会比男性报告更多强烈的担忧情绪，逃避可能造成身体伤害、物质资源损失或被社会成员批评的情况。与男性相比，更多女性在遇到轻度威胁或意外经历时大脑会产生不愉快的感觉。如果女性将这些感受理解为焦虑、恐惧、羞耻或内疚，那么她很容易在过去的生活中寻找其根源。因为很容易找到相关的原因，所以这个人变得容易焦虑或内疚。广泛收集的关于不同物种性别差异的数据证实了在人类身上发现的这种差异。

早在婴幼儿期就已能观察到攻击性的性别差异的行为基础。男孩比女孩更喜欢玩那些操纵时会移动的物体，如玩具汽车或火车（De Loache et al., 2007）。雄性恒河猴也有同样的倾向，雌性恒河猴更喜欢柔软的毛绒物品（Hassett et al., 2008）。7个月大的婴儿看到一个成年人轻轻抱着一个气球，另一个成年人却在对气球拳打脚踢：更多的男婴会模仿那个对气球拳打脚踢的成年人，而不是轻轻抱着气球；女婴则倾向于模仿另一种行为，即轻轻抱着气球（Benenson et al., 2011）。此外，在所研究的大多数社会中，男孩会比女孩更频繁地踢打别人。

性别之间的生物学差异使得不同的社会更容易保留相似的性别角色规范。这种说法并不意味着生物学决定命运。一个社会可以而且经常倡导一种与生物学决定的性别差异不一致的规范，因为道德偏好会促进更广泛的社会和谐。2020 年，美国人和欧洲人希望尽量减少生物学对某一性别中更常见特征的影响。人类能够抑制许多源自生物学的倾向。比如，威士忌有一种苦涩的味道，婴儿尝到这种味道会觉得不舒服，但成年人每次喝威士忌都很容易忽视他们的生理感受。

个体对学术成就的追求差异

个体在学校里争取高分以及在学校学习知识的积极性上的差异，都能预测不同性别者相似的特征，因为性别角色规范允许男性和女性都表达自己对学术成就的追求。在这方面，不同性别的稳定性系数是相等的，而且能解释儿童和成年人评分 40% 的差异性。与前面两个特征不同，个体对认知技能的关注与父母双方的受教育程度有关。这一相关性是分析中最高的，一些个体的相关系数高达 0.70。社会阶层与知识的掌握程度之间的相关性，在 2020 年与 1957 年一样高。

关于社会阶层的讨论

在费尔斯研究所收集的样本中，儿童的社会阶层（以父母受教育程度作为指标）与对在校表现的重视程度之间的关系，引发了更广泛的讨论，也引发大众关注阶层对大量因变量所产生的广泛影响。事实上，在 2020 年，研究人员就发现养育者的社会阶层是个体智商、认知技能、成年后职业、反社会行为、焦虑障碍、抑郁症、炎症状态和严重疾病的最佳预测因素（Sasser et al., 2017）。

每个已知的社会都出现了与等级相对的资格。更高的等级伴随着更多的资源、权力地位和能够发挥作用的判断力，选拔人才的标准往往是当时社会所需要的能力和特质。在较早的时代，熟练的猎人、勇敢的战士和虔诚的神职人员享有更高阶层的特权。近几个世纪来，前者被富商、银行要员、医生、律师以及那些拥有社会所需才能的人取代了。许多不享有特权的人羡慕那些享有特权的人，毕生致力于获得能够提升阶层地位的能力。

在当代研究中，阶层有两个不同但相关的含义。经济学家和社会学家更喜欢使用结合收入、受教育程度和职业的客观指数，心理学家通常依赖一个人对其所处阶层地位的主观判断。这两个指标之间的相关性不大：在美国白人中的相关系数约为 0.40，在非裔美国人中的相关系数仅有 0.10（Cundiff & Matthews, 2017）。

大学教育的价值凸显，是19世纪工业化的重要结果。父母受教育程度越高，就越坚持要求孩子在学校出类拔萃。因此，我们从在费尔斯研究所收集的样本中发现：父母的受教育程度与智商得分，以及对孩子学业成绩的重视程度之间存在相关性，这个发现是合理的。

假设一组社会科学家能够获取100名在1990年出生于美国的3岁儿童每人100小时的记录视频，而另一组社会科学家只知道这些儿童的性别和其父母的受教育程度，那么后一组科学家会对这些儿童的成年后职业、婚姻状况、身心健康、爱好和主观幸福感做出更准确的预测。

"相似图形匹配测试"的发现

有一项发现推动了后来的研究工作，那就是在参与者成年后第三次访问费尔斯研究所时实施的测试。我给他们每个人看了三组不同的人物图片，这些图片来自一项流行的测试，旨在揭示他们是否对他人抱有敌意、他们的教养、依赖他人的程度和对他人性别的关注。我让他们根据一个或多个共同特征，以及自己的意愿将所看到的图片分成多个组。

他们的分组方式可以归为三类。第一类是基于共同的外在特征，例如躺着的人或没有外套的人；第二类基于几个人物之间的共同关系，例如一个女人向另一个人提供物品；第三类基于人物身份、情绪特征等，例如罪犯、模特或愤怒的人。

令我感到失望的是，每个成年人的分组方式与他们的儿童期数据或访谈数据之间没有任何关系。幸运的是，我还记录了每个分组的反应时。经过对这些反应时数小时的分析，我意识到：那些较多根据外在特征分组的成年人，相对于那些较少以此方式分组的成年人，前者有更长的反应时。然而，儿童期的证据却表明，研究人员认为前者（较多根据外在特征分组的人）在儿童期需要做出决定的情况下更加深思熟虑。这一意外发现导致了一系列我称之为反思－冲动维度的富有成效的研究。

大多数老师都会注意到学龄儿童在正确答案不太明显的选择任务中，从几个备选答案中选出一个所需的时间是有差异的。我决定通过一项测试来量化这一特征。该测试向儿童展示了一张目标图，在它下面有 5~7 张变异图，每张变异图中都对一个特征进行了细微的改变，乍看起来这些变化并不明显。儿童必须从 6~8 张变异图中，选择那个符合标准的变异图。我将此过程称为"相似图形匹配测试"（Matching Familiar Figures test, MFF）。反思型风格的儿童在第一次做出反应的时候，其反应时和正确率高于平均值；冲动型风格的儿童则在反应时较短的同时错误率较高。分析时需要采用两种量化方式的组合，因为尽管有些儿童的反应时很短，但只有一些儿童可以将错误最少化。

在参与者认为自己的认知能力正在被测量的环境中，反思型或冲动型风格在几年后仍得以保留，即使这时儿童已经意识到快速反应更有可能出现错误。大多数不满 6 岁的儿童还没有这个意识，因此该测试不适合 6 岁以下的儿童。其次，每种反应风格会在相似的情境中得以充分显现，例如阅读不熟悉的单词、检测嵌入视觉噪声中的目标、仅靠触摸从多个不同形状的物体中选择一个与目标物体匹配的，以及识别短时间内呈现的场景。当心理学家发现相似图形匹配测试没有评估儿童在其他环境中的行为，尤其是儿童生活场景中的反社会行为时，相似图形匹配测试就变得不那么受欢迎了。

结论

我们通过仔细研究，得出了三项主要结论：一个人6岁前的心理与行为特征，对其成年后的表现缺乏可预测性；性别和社会阶层的相互作用对某些特征有所影响；少数极度胆小的幼儿在成年后保留了回避的风格。我和莫斯在《从出生到成熟》(*Birth to Maturity*)一书中发表了我们的研究结果，该书获得了美国精神医学学会颁发的霍夫海默奖（Kagan & Moss, 1962）。如果我们发现儿童期和成年期的特征之间没有任何联系，那么我们的实验结论就会被认为与特征保留问题无关，这可能是因为我们对不充分的证据采用了不够灵敏的方法。

爱因斯坦预测太阳光会因太阳质量的变化而发生少量弯曲，如果大多数物理学家对爱因斯坦的预测持怀疑态度，那么他们就会认为亚瑟·埃丁顿1919年组织拍摄的日食照片过于劣质，不足以作为广义相对论的证据。如果大多数科学家支持某个推论，那么证明力不强的证据通常也被视为对该推论的支持。如果一个观点不受欢迎，那么很难说服某个领域的研究人员将有力的证据看作是对这一观点的验证。声称基因对心理特征有影响或会引发精神障碍的论文在1950年会被编辑拒绝，在2020年却能发表在高声望的期刊上。

2020年定义的被接受的社会科学与1957年略有不同。当时许多当代心理学家都对我和莫斯所做的实验持批评态度。他们反对莫斯一个人对所有三个年龄组的儿童进行评分，因为他对年龄较大的儿童的评分可能会受到他对这些儿童较早时期行为的记忆的影响。样本中缺乏少数族裔儿童也被视为一种严重缺陷。如果我今年27岁，我意识到了那些主宰主流科学界的规范，那么面对1957年我接受的相同的工作时，我不确定我是否还会接受它。但过去60多年，当时的主要结论并未被推翻。费尔斯研究所项目的成功使我相信对同一样本进行纵向研究的价值。下一章我将为不同概念集合的假设提供证据。

第二章
孩子行为发展的阶段性与连续性

任何事物和过程都以不同的速率变化。对于调节这些变化的无形机制，人们通常将其归纳为两种。当该变化速度缓慢且平稳时，如岩石侵蚀过程，可以将其优先归为连续过程。18世纪的学者就认为，新生命的组织和器官以微小的形式存在于受精卵中，随着妊娠期而变大，这一过程被称为"预成论"。

然而，当短时间内发生显著变化时，比如说毛虫破茧成蝶的过程，大多数观察者都会认为这是一种性质不同的机制，代表了一个生长阶段。胚胎干细胞可以分化成任何身体组织，能在受精后4~5天的很短时间内保持这种潜能。20世纪上半叶研究大脑进化的学生认为，人脑对比爬行动物的大脑只是量级上的提升。这种简单的观点现今已不复存在。人脑与爬行动物的大脑结构有着性质上的不同（Cesario et al., 2020）。连接两个大脑半球的宽神经纤维带被称为胼胝体，仅在哺乳动物中存在。

然而，长时间间隔的连续过程（例如桥梁生锈），可能会达到一个临界点（例如桥梁坍塌时产生非连续的变化）。此外，不可预测的事件可以在一个连续过程中引发另一个性质不同的事件。例如，7000万年前陨石撞击现在的墨西哥地区，或者某人遇到车祸导致腰部以下瘫痪。

3个月、3岁和13岁的孩子之间存在质的差异。我们很难认同13岁儿童的特征是从婴儿时经过连续过程形成的这样的观点。中世纪欧洲不认字的农民已经正确地认识到，一个人能够承担成人的责任经历了几个发展阶段，而7岁是一个关键的转变期。

美国行为主义心理学家约翰·华生深受苏联生理学家伊万·巴甫洛夫的影响，所以他之后的许多美国心理学家反对这种发展阶段的观点，并且认为没有一个婴儿一出生就受到生物学程序的影响。他们认为每个儿童都必须在做出正确反应后获得奖励，从而获得所有能力。对正确行为的奖励创造并逐渐强化了每个习惯，无论是咿呀学语还是走路。近40年来，这一观点主导了关于人类发展的讨论，直到出现与其前提完全不一致的证据时这一观点才变得站不住脚。

对不同文化背景下儿童的观察结果，有力地驳斥了华生的观点。尽管获得奖励的行为有明显的差异，但在所有文化背景中，抓握、站立、行走、说话和帮助他人等重要能力的获得，都出现在大致相同的年龄。在神经科学家测量大脑结构和功能的发育变化之后，分阶段发展的情况变得更加令人信服。

儿童出生后的头两年

费尔斯研究所纵向研究的成功让我相信，评估儿童随着时间推移的变化是很有价值的。我在1964年加入哈佛大学后的两年里进行了几项纵向研究。罗伯特·范茨的工作表明，训练有素的观察者有可能可靠地锁定婴儿注意力所在的位置，马歇尔·黑思对新生儿的研究证实了新生儿存在不太可能习得的偏好（Fantz, 1964; Haith, 1980）。新生儿和年龄较大的婴儿注视有轮廓的和弯曲的刺激物的时间比注视平面的和直线形的刺激物时间长。我对1岁以内婴儿的研究主要集中在他们对不同事件的注意力差异上。

差异原则

如果一些事件都包含着一个过去事件的某些特征，人们就会为这些事件创建一个表征（即可以指代这些事件的符号或信号），称为"图式"（即一种特殊的心理结构，或一种组织起来的理解经验的方式），这些事件通常会吸引最长时间的注意力。与婴儿已有图式没有共同特征的事件（通常称为"新异事件"），吸引的注意力较少，因为它们不涉及之前已有的图式。因此，随着主体对一类事件的图式与知觉场中的当前事件之间的差异程度增加，主体对事件的注意力持续时间呈倒U形变化。

大多数成年人会把更多的注意力放在城市繁忙的街道中央有一只狗骑在马上的这类照片上，而不是放在有一个分光光度计的照片上，因为后者无法和图式结合在一起。这一原则在不同文化背景的儿童中都得到了证明（Kagan, 1971; Wiener & Kagan,

1975; Kinney & Kagan, 1976; Finley et al., 1972）。许多被称为奖励的体验都是一个人在做出某种反应后得到的出乎意料的结果。因此，它们会吸引注意力，伴随着多巴胺的阶段性增加，这可能会加强该事件及产生事件的行为之间的联系。

我的学生对该倒 U 形函数提供了特别令人信服的研究证据。他们让 4 个月大的婴儿先看到相同的三维刺激图形 12 次，该图形包含 3 个无意义的元素。此图形被设定为标准图形。然后将婴儿分配到 7 组中的一组。其中 6 组婴儿的母亲在 21 天里，每天在家给婴儿看标准图形或几种变异图形中的一种 30 分钟；第七组的婴儿在家里看不到任何刺激图形。所有婴儿在 21 天后都返回实验室观看标准图形。

如果婴儿在家中看到与标准图形有共同特征的刺激图形，或者婴儿在 21 天内没有看到任何刺激图形，婴儿会表现出最长时间的注意力。然而，如果婴儿在家中看到与标准图形无共同特征的刺激图形，那么婴儿对这个物体的关注程度很低，即使它的轮廓线条最丰满、形状种类最多（Kagan, 1971）。随着一个事件和个体对类似事件的图式之间的差异程度增加，个体注意力持续时间呈现倒 U 形变化的函数关系。在过去的 50 年中，该结论在以人脸、身体和其他事件作为刺激物的研究中被广泛证明。

注意力持续时间和年龄的关系

研究人员对 180 名白人头胎婴儿样本进行了研究，这些婴儿在4个月、8个月、13个月和27个月大时，都观看正常人脸的二维和三维图形，以及删除眼睛或扰乱面部特征的元素的变化后图形。我没想到在注意力持续时间和年龄之间会出现U形函数的关系，注意力持续时间的最低点出现在婴儿7~9个月大的时候。这一观察结果已用各种刺激物得到证实（Courage et al., 2006）。与4个月前相比，大多数婴儿在8个月时对二维和三维人脸图形的关注较少，因为这一刺激更容易与他们已建立的人脸图式联系起来。但这无法解释13个月和27个月时婴儿又对相同刺激的关注增加。这一研究结果意味着一个新的发展阶段。

儿童出生后半年出现的新阶段

在婴儿出生后大约半年会出现一个新的成熟阶段，婴儿在出生后7~9个月出现的各种表现支持了这一观点。这些表现包括：婴儿在被允许用手触碰隐藏的物体之前，能够忍受更长时间；系统地观察人像的面部和身体；避开看起来是悬崖边缘的地方；自发地模仿一天前看到的动作；在陌生的环境中因陌生人接近或者主要看护人暂时离开而哭泣。

此外，婴儿在8个月左右会习得语言音素的表征（Kuhl, 1991）。这些被称为"原型"的表征，是从吸引婴儿注意力的声音中推断出来的。8个月以上的婴儿不再注意语音的变化，即使这些变化在他们更年幼时确实曾吸引过他们的注意力。例如，日语不区分音素"ra"和"la"。虽然2个月大的日本婴儿在听了多次"ra"之后，能够指出其中偏向"la"的发音（即具有分辨该发音的能力），但婴儿8个月大时就不具备这个能力了（即没有分辨该发音的能力），因为他们的音素原型将这两个发音混合在一起了。年龄较大的婴儿失去了6个月前的自己拥有的能力。

我们在不同文化背景、经历不同养育方式的婴儿中观察到对母亲离开同样的痛苦。来自波士顿大都会地区、危地马拉西北部玛雅村庄、安提瓜更具国际性的城市、非洲大陆南部地区博茨瓦纳村庄和孟加拉国农村以及以色列基布兹的母亲们，在研究中将婴儿暂时留在了一个陌生的环境中。在这几种文化背景下养育的婴儿，哭闹的比例都在7月龄后开始增加，在10~15月龄之间达到高峰（Kagan, 2013）。猴子在3~4个月大时会出现对不熟悉事件感到痛苦的现象，而这一年龄的猴子相当于8~12个月的人类婴儿。大约3周大的小狗会在一个陌生的地方与母亲分离时开始呜咽和发声，此时的小狗相当于7个月大的人类婴儿。这些可靠的事实表明，在婴儿出生后约半年会出现一个新的阶段。

工作记忆的增强

如果我们假设年龄较大的婴儿能够从最近过去的经历中获取和保持事件的图式，并将其与当前事件进行比较，就可以理解在7月龄后出现的这些现象。如果他们能够将后者转化为前者，就会将注意力移走。然而，如果转化失败，有些婴儿可能会哭，因为他们无法将事件与他们已有的知识联系起来。比如，当母亲从一扇很少使用的门（而不是通常的门）离开家中时，家中1岁的孩子更有可能哭泣（Littenberg et al., 1975）。

一项在8名婴儿从6月龄到14月龄期间、每隔两周测试一次的研究证实：婴儿的工作记忆在出生后7~12个月增强。摆放两个圆柱体，将一个醒目的物体在婴儿面前隐藏在其中一个圆柱体的下方，然后在婴儿和圆柱体之间放置一个不透明隔板，分别在等待1秒、3秒或7秒后允许婴儿触碰。当7个月大的婴儿必须等待7秒钟时，没有一个婴儿能向正确的位置伸手、拿到该物体，但12个月大的孩子都能伸向正确的位置（Fox et al., 1979）。9项独立的研究均发现：婴儿在类似的工作记忆测试中所能保持记忆的等待时间，随着年龄的增长而线性增加（Pelphrey et al., 2004）。

一个皮亚杰称为"A非B错误"的研究流程会产生相同的结果。在四次连续测试中，当婴儿在相同的正确位置拿到隐藏物体后，实验人员当着婴儿的面将物体隐藏在另一个圆柱体下。婴儿在不同的等待时间后被允许伸手去拿那个物体。8个月大的婴儿通常会向之前正确的位置伸手，因为他们无法抑制这种获取回报的习惯动作。随着等待时间的延长，8~12个月的婴儿，伸手拿到物体的正确概率呈线性增加。8个月大的婴儿保持这种记忆能力的时间不能超过3秒，而1岁的儿童在20秒的等待后也能成功（Diamond, 1990）。

7个月后工作记忆的增强是由于大脑的成熟，特别是颞叶、顶叶和额叶皮质之间的连通性增加，以及海马 CA3 区锥体神经元树突的结构变化（Reyes et al., 2020）。由于出乎意料或不熟悉的事件通常会激活基底外侧杏仁核，而基底外侧杏仁核与海马和前额叶皮质能够相互促进，因此，8~12 个月的婴儿的这些神经连接会因内囊里轴突的髓鞘化而变得更强（Chrousos & Gold, 1999）。

儿童出生后的第二年

发现婴儿出生后的 7~12 个月工作记忆会增强，这促使研究人员探究婴儿出生后的第二年，以期发现除语言之外的其他心理过程的变化（语言仍经常是其研究的目标）。大多数孩子在出生后第二年开始说话，但这种能力的起源，研究人员之间存在着巨大的分歧。

语言习得

以诺姆·乔姆斯基为代表的研究人员认为人类拥有专门用于语言习得的功能，使儿童能够以最小的努力掌握其语言的语法。相反的观点也承认进化赋予了人类喉部较低的发声器官和特定的大脑部位，这些部位与语言的特性相适应，使得人类很容易获得语言及理解语言的能力；然而，许多人认为习得语言所需的其他心理过程并不局限于这种能力。这些一般能力包括推断他人意图、注意突出的声音、把头转向出乎意料的事件、在工作记忆中保存单词和图式,以及觉察出连续事件之间低水平的相关性。

通过觉察连续事件之间的相关性,婴儿可以将连续语音分割成单独的单词。当说英语的成年人直接对婴儿讲话时,p-r-e后面不间断地跟着t-t-y这样的顺序,占所有可能顺序中的80%,但是序列t-t-y后面不间断地跟着b-a这样的顺序,占所有可能顺序中的不到1%。因此,孩子们很容易学会"pretty"(美丽)是一个词,但"ttyba"不是一个词(Saffran, 2003)。

自动关注那些出乎意料事件的倾向,会导致儿童注意到不熟悉的单词或声音中的重音。到1岁时,大多数婴儿已经准备好将语音与物体和事件联系起来。并没有发现其他物种完成这一过程像人类一样容易。学习手语的聋哑儿童,在与听力正常的儿童相同的年龄段,已能打出有语义的手势。

大多数语言学家都同意,目前的6000种人类语言具有其他物种所不具备的特征。其中一种特征是,向说同一种语言的群体成员传递有意义的消息,这些消息可能包含了一些对没有人见过的对象或没有人经历过的事件的引用。熟悉刘易斯·卡罗尔作品且母语为英语的人,会读懂以下句子的含义:"千年来一直睡在天使光环中的疯帽子独角兽的幽灵,突然以寻找可怕怪物的蛇鲨形式出现。"

幼儿在学习第一语言时依赖三种倾向(Markman, 1992)。他们认为一个词语是指一个物体的整体,而不是其中一个部分。20世纪最受尊敬的哲学家之一范·奎因否认了这种倾向。他辩称：如果一个游客来到一个社会，这个社会中的人们说着一种他听不懂的语言，一个当地人指着一只穿过草地的兔子说"gavagai"，那么这个游客就不会知道"gavagai"这个词是什么意思，"gavagai"可以指兔子的耳朵、头部、整个身体或运动姿势。然而，几乎所有2岁的孩子都会认为这个奇怪的发音指的是整只兔子。

第二种倾向是假设一个词指的是一组相似的对象。听到"gavagai"发音的孩子看到一只兔子就会认为这个词指的是所有具有兔子的外形和颜色的动物。排他性倾向导致幼儿错误地认为每个对象或事件只有一个名称。如果一个成年人通常称呼某个物体"苹果"，但是突然有一天说"让我们吃你的水果"，孩子会感到困惑。幸运的是，年龄大一点的孩子就不具有这种倾向了。

大多数情况下，名词的歧义比动词少，因为许多语言允许动词与不同的名词一起使用。英语中的例子包括动词 eat（吃）、sleep（睡）、breath（呼吸）、reproduce（繁殖）、move（移动）和 kill（杀死）等，这些动词可以与 shark（鲨鱼）、snake（蛇）、vulture（秃鹫）、chimpanzee（黑猩猩）和 human（人类）等名词主体一起用。有些语言（比如俄语）会用音调变化来改变动词的含义，以指代名词主体的类型。

许多英语动词中常见的对主语的模糊指代对心理学领域的理论产生了深远的影响，因为心理学的主要组成部分是变量，通常是动词命名的，而不是某个作为主语的事物。心理学家在句子中写下关于动词"恐惧""学习""记忆"的内容，而这些句子中的主语没有被指定。比如，当生物学家写有丝分裂时，他的同事们就知道其对应的主语是细胞。

对1~2岁儿童的纵向调查

20世纪70年代，有关推理、道德感和自我意识的初始阶段是不太常见的研究对象。关于这些研究主题的论文分散发表在各个专业期刊上，主要供对其中一种现象感兴趣的研究人员阅读。据我所知，没有一位心理学家试图去揭示推理、语言、道德感和自我意识之间的共同特征。这个问题的答案是有可能被找到的，这激发了我们对1~2岁的孩子进行纵向调查。我们进行了7项研究，其中的样本主要是来自马萨诸塞州剑桥的孩子，但也有来自其他文化背景的参与者，我们收集了有关他们的语言能力、工作记忆、推理、象征性游戏和模仿能力的测量数据。

孩子的推理能力与道德感

我从推理这方面的研究开始，因为它有助于其他三个过程的研究。显然，有必要阐明"推理"所指代的内容。10岁的孩子比2岁的孩子能推理出范围更广的表征。我们评估了一个不熟悉某种语言的成年人对该语言中一个口语单词的指代和意图的推理能力；一位研究人员让孩子推理出一个他们不熟悉的单词可能指代的是哪个他们不熟悉的物体。在让孩子熟悉练习的场景后，研究人员在孩子面前摆放了一个玩具娃娃、一条玩具狗和一个形状不规则的塑料泡沫。研究人员让孩子玩这些东西，然后在每月家访时轮流要求孩子"把 zoob 给我"或"把 iboon 给我"。这些词都是孩子们从来没有听说过的假词。大多数孩子，无论是来自剑桥还是斐济群岛上的村庄，在 1 岁半左右开始能够正确地推断，到 26 个月时，每个孩子在听到指示语之后都会递给研究人员那个塑料泡沫。

我的一个博士研究生展示了出现在孩子 2 岁左右的一种惊人的推理能力。他在家访时给 18 个月、27 个月和 36 个月大的孩子要么戴上一副透明的滑雪护目镜（这样可以让孩子们在玩耍时看到东西），要么戴上一副不透明的护目镜（这样可以让孩子们在玩耍时看不到东西）。一天后，所有参与试验的母亲和孩子都来到我们实验室的一个房间。孩子玩了一会儿后，母亲戴上了不透明的护目镜。只有之前有过使用不透明护目镜的经验的 27 个月和 36 个月大的孩子，推断出母亲看不见东西。当家长向这些较大的孩子问起房间里她可能看不见的东西时，这些孩子感到惊讶，并试图摘下护目镜。一些 36 个月大的孩子要求母亲摘下护目镜，以便她看到。无论是在家里戴过不透明护目镜的 18 个月大的孩子，还是戴过可以看见东西的普通护目镜的大一点的孩子，都没有表现出这些行为（Novey, 1975）。

推断他人心理状态的能力使共情和合作成为可能。现在，1~2 岁的孩子看到成年人表现出疼痛症状时，会表现出担忧，这是在 1 岁前的婴儿中没有出现的。推断他人痛苦的能力是不伤害无辜的人的普遍道德基础之一。一些社会科学家认为，合作能力是人类独特的重要特征之一。然而，如果儿童和成人都无法推断对方是否可信，他们就不会合作。

在我们的一个实验流程中，孩子的行为显示：婴幼儿的推理会与他们对道德感的新理解相结合。13~36个月大的孩子最初独自玩一套玩具10分钟，而他的母亲则坐在几米之外的沙发上。一名女研究人员进屋，和他的母亲一起在地板上与他游戏。研究人员用多个玩具示范了三个不同且复杂的动作，并描述了自己在做什么。然后这名研究人员说："现在轮到你玩了。"她没有说或做任何事情来提示孩子需要模仿她的行为。隐藏的观察者观察了孩子在接下来10分钟里的玩耍情况。

研究人员一站起来准备离开，超过40%的18个月或以上的孩子就开始哭泣、表达出烦躁或抱住母亲。这一行为在剑桥、温斯顿－塞勒姆市、北卡罗来纳州、斐济群岛的样本中，以及最近从越南南部移民到美国的孩子中都被观察到了。当一位家长提醒儿子他可以去玩的时候，他走到房间的一个角落，开始抽泣；一个2岁的女孩坚持要回家，同时把玩具扔在门上。

面对一个不熟悉的成年人提出的重新开始玩耍的简单要求，那些孩子表现出的不确定性反映了推理、语言、道德感和自我意识的融合。那些孩子必须理解研究人员所说的短语的含义，推断出她想让自己模仿她的动作，感到自己有义务这样做，并意识到自己无法做到这一点——模仿一个复杂的动作序列。

为了消除其他可能的解释，我们进行了一组实验。在实验中研究人员没有说"现在轮到你玩了"时,很少有孩子哭泣;不熟悉的成年人不示范任何动作,只与孩子玩耍时,孩子也不会哭;母亲做出同样的动作和说出同样的话时,孩子哭泣的比例是最少的。只有当一个不熟悉的成年人示范这些动作时,孩子才会表现出痛苦,因为大多数孩子认为他们应该在实验室里服从陌生人的要求。哈得孙湾(加拿大东北部海湾)的因纽特人认为,2岁的孩子已经学会了"ihuma",这个词的意思是他们知道哪些行为是合适的,哪些行为是不合适的。

孩子对父母或家庭的认同,在孩子5岁前就会出现,孩子需要推断出自己与父母有共同的特征,这一发展过程并没有被研究得很多。当这种推断与孩子理解为骄傲或羞耻的感觉相结合时,我们说孩子对父母有认同感。与父母有相同身份的孩子错误地认为,其他人会把他当作具有他父母特征的孩子对待,但实际上他们可能并不具有父母的特征。这些特征可能是自己希望拥有的,也可能不是。

父母的特征越明显,孩子的认同感越强。性别的相似性或不寻常的身体或行为特征总是很重要的。以色列作家阿摩司·奥兹对他作为著名作家的父亲有着自豪的认同感;然而,约翰·厄普代克在认同父亲的同时也感到羞愧。他在回忆录中写道:"我会向他们展示,我会为所有对我父亲的轻蔑和羞辱复仇——可怜的薪水,学生的不尊重,电影院里对厄普代克的名字发出的嘲笑声。"(Updike, 1989, p. 32)

几岁后,许多儿童就确立了对其社会阶层、种族和/或宗教的身份认同。一些作家的自传里揭示了与这些身份认同相关的自豪感或羞耻感的强弱程度，对他们成年期的情绪和行为有着深远的影响。诺伯特·维纳承认，他为自己具有犹太人的身份而感到自卑。

孩子的自我意识

我们研究孩子在家里说的话后，确认了婴儿在出生后第二年里出现了自我意识。孩子们开始向父母发出指令，要求他们以特定的方式行事。一个18个月大的孩子递给母亲一个电话说"做吧"。几个月后，她给了父母一个洋娃娃和玩具奶瓶，并用手势表示希望父母喂洋娃娃。这些对父母的指示与孩子描述她当时在做什么有关。例如，孩子在试图把身体移到沙发上时说"向上"；有的孩子会在"我去""我做""我玩"等话语中使用"我"；一个26个月大的孩子会说"我踩到了脚踝"或"我自己做的"。

其他研究人员的类似观察表明，当孩子有意识地觉察到自己有能力使用自己的身体以达到所期望的目标时，他们会同时对这些行为进行评论（Bloom, 1973）。在接近2岁时出现的对话语的自我纠正，以及2~3岁时出现的提及内心感受的词语，也暗示了部分自我意识（Kristen et al., 2012）。

16个月以上的孩子通过镜子看到母亲在自己鼻子上偷偷涂了红色时，他们就会摸自己的鼻子，这意味着他们已经意识到了自己的身体（Lewis & Brooks-Gunn, 1979）。到接近2岁的时候，大多数儿童都会出现这种自我意识。卡尔·萨巴格记得，在大约2岁的时候，他第一次意识到自己是一个人。"我坐在凳子上……我父亲在给我哥哥读书，我感到被冷落了……我感到沮丧。"（Sabbagh, 2009, pp. 13-14）

虽然大多数关于意识（"自我意识"的同义词）论文的作者都认为这个词指的是一种大脑和心理状态，但它更可能是不同的意识对象略有不同的意识状态。对巧克力、爱情、名望、朋友或睡眠的有意识的渴望，会唤起不同的感觉、图式和语义网络。因此，即使所有状态都可能激活相同的神经元群，伴随这些愿望的心理状态和大脑状态也不太可能是相同的。意识只有一种状态这一前提，是因为英语中只有一个词代表意识，但不是所有语言都如此。

与其他哺乳动物相比，人脑中有大量独特的纺锤形神经元，这些神经元主要位于前扣带回和额叶-岛叶皮质。这些区域被认为可以调节有意识的感觉、控制冲动反应和即时觉察运动动作中的错误。患有某些痴呆症的老年人所拥有的被称为冯·埃科诺莫神经元的神经元较少。这一观察结果表明，这些神经元对每一个20岁的健康人的意识状态都有贡献。

人的道德感

每一个已知的文化都会列出一系列值得称赞的和禁止的行

为，并根据其成员对这些行为规范遵守程度的不同，给其贴上好或坏的标签。在所有已知的文化中，对无辜者造成身体伤害、损害他人财产、欺骗和不诚实都是被禁止的。禁止对他人造成身体伤害的道德禁令包括所有可以造成伤害的行为。在许多宽容的美国人和欧洲人中，禁止公开发表一些贬低过去被歧视的受害者群体的言论这一近期禁令，已成为排斥任何无视这一要求的人的理由。任何人都不允许采用一些使长期遭受不公正歧视之害的人产生极不愉快情绪的方式来说话或写作。遗传学家詹姆斯·沃森是因未能遵守这一道德要求而从受钦佩者名单中被除名的杰出美国人之一。

出生后第二年，当孩子们对物体的常见外观和其他人的行为建立了表征的"原型"时，道德感就会出现。有破损的物体和造成他人痛苦的行为均违反了这些原型。1~2岁的孩子看到有破损的物体并推断出产生破损的可能原因时，会说"yukky"或"bad"。因为父母的惩罚会产生痛苦，所以孩子推断类似的行为会给他人带来不愉快的感觉。能够推断他人的内心想法，并因某些行为受到成年人惩罚，会使孩子认为违反家庭规范的行为是不好的。

将道德规范置于文化背景中

许多哲学家和社会科学家都在寻求一套能够适用于所有文化背景的普遍道德规范。这些要求通常包括反对杀害他人、限制一个人的自由或无视他人痛苦,却把行为主体、受害者和行为背景都视为无关紧要的。然而,任何行为是否符合道德必须建立在具体情境当中。肯尼亚古西部落的长老没有惩罚两名杀害他们母亲的男子,因为他们说自己的母亲是女巫(Ogembo, 2001)。13世纪的西班牙法律规定:如果一个男人有保卫贵族城堡的义务,则这个男人被允许在饥饿时吃掉自己的孩子,但他不能投降,除非贵族免去他的保卫职责。另外,亚伯拉罕愿意杀死他的儿子以撒,以保持对上帝的忠诚。

在哥斯达黎加圣何塞,一个公民通常会停下来帮助残疾陌生人过街,而在纽约时,他不太可能做出同样的利他行为(Levine, 2003)。美国人对"个人自由"这一道德观念的忠诚,为"个人自由"在道德规范中上升到主导地位做出了重大贡献。然而,新冠疫情要求美国人放弃一些个人自由,服从政府的要求,在公共场合戴口罩。许多人拒绝放弃对个人自由的追求,这一事实证实了文化背景对道德规范说服力的影响。这些和其他研究证实了环境对尊重道德信念的强大影响。由于没有具体说明行为及其主体、目标和背景,学者们仍在争论道德的定义。

每一个经济体系都假定有一个有利于某些人的道德规范。20世纪上半叶的美国经济学家认为,政府有限干预的自由资本主义经济是当时最好的安排。他们不承认其前提是以个人自由为中心的道德信念。因此,他们最初并不接受约翰·梅纳德·凯恩斯1936年出版的书中的理念,该理念敦促美国政府出手干预调节位于高点和低点的经济。1948年，这种信念如此强烈，以至于麻省理工学院董事会的几位成员愤怒地反对保罗·萨缪尔森在其出版的教科书中支持凯恩斯的观点，一位成员指责萨缪尔森是共产主义者。2020年美国国会决定在新冠疫情危机期间向小企业和个人提供数万亿美元，这些商人对这一决定感到愤怒。每一项新法律都假定了一个道德规范，遵守道德规范会对一类特定受益人有利，这些受益人是比其他人更重要的。但某个人、家庭、社区、国家或地球是否应该拥有特权地位？

约翰·罗尔斯的一本关于正义的畅销书赋予弱势群体优先权，20年后他承认自己的立场主要吸引北美和斯堪的纳维亚地区20世纪的自由派公民（Rawls, 1971）。启蒙运动之前的学者坚持认为，理性和实证证据都不要求物质资源的平等分配。

个人良知的重要性

11世纪的欧洲，个人经历取代了村庄长老、神职人员或神的道德权威，使社区的所有成员都服从自己的个人判断。因此，当个人因违反他认为必须遵守的规范而承担责任时，社会不得不添加一个新术语来命名这种穿过意识的感觉。英国人选择"内疚"一词来解释这种感觉。相比之下，羞耻感是生活在基本忠于同一行为规范社区里的人们所产生的显著情感。吉尔吉斯斯坦一个与世隔绝的村庄里的成年人告诉一位人类学家："如果你不追随别人，那就不好。"（Beyer, 2016）

儿童2岁之后的几年

2岁后的成熟过程和个人经历，拓展了儿童道德感的广度。来自不同文化背景的4岁儿童都坚持认为，对共同完成任务的团队成员的奖励分配应该与个人对任务的贡献成比例。没有其他灵长类动物表现出对公平的追求。在物质分配或权力获取方面主张公平而非平等的观点，是人类通常认为事物或事件的影响或成果大小不同的一个例子。另一个例子是，大物体坠落时发出的声音比小物体大，大伤口比小伤口需要更多的时间愈合，对严重违反道德规范的行为的惩罚要比轻微违反的惩罚更严厉。这些经历和数千次类似的经历创造了一个有关比例的原型，适用于一个人在一项任务中所付出的努力或解决问题的技能水平与该人应该获得的回报大小之间的关系，无论是金钱、地位还是权力。这就是为什么许多国家的公民反对政府向处境不利的成年人发放补贴的法律施行——这些成年人不需要做任何事回报社会。

在我的一项研究中，有几个5岁的孩子拒绝了撕掉研究人员最喜欢的图片的要求，尽管这一行为没有违反之前10项不涉及道德规范的要求。一个男孩解释说，"不，这是你最喜欢的图片"，这意味着他不愿意成为研究人员不快乐的原因。从出生后的第二年开始，儿童有能力推断出他人特定的想法，到了儿童7岁时，就成了一种无意识的自我责备，因为自己没有遵守那些被认为是必须遵守的规范。在我的一项研究中，一位母亲发现她3岁的儿子因攻击行为而被同龄人排斥，于是他用一种会让自己感到疼痛的力度掐自己。母亲问他为什么给自己造成痛苦，他对母亲的回答是"我不喜欢自己"。

一个典型的 7 岁儿童违反道德规范后的心理状态取决于三种条件的结合。第一种条件是相信一个人出于某种原因伤害了另一个人。孩子们坚持认为，老师可以要求学生遵守许多规范，例如着装规范或座位安排。然而，他们不能执行其中要求将痛苦或不适强加给他人的规范，因为这种行为总是错误的（Shweder et al., 1981）。第二种条件，一方应对自己给另一方造成的痛苦负责。这个感受因人而异，因为它涉及当事人的判断。2011 年 7 月 11 日，一些挪威的孩子在于特岛枪击事件中幸免于难，这些孩子的父母告诉询问者，他们感到内疚，因为他们没有采取措施防止创伤事件的发生（Thoresen et al., 2016）。

当成年人采用了一种道德规范，而该道德规范抑制了由于人类生物学特征所产生的情绪或行为，那么这个成年人就很容易有负罪感。嫉妒就是这样一种会引发负罪感的情绪。英国心理学家斯图尔特·萨瑟兰认为，嫉妒违反了他个人的道德规范，因为它是非理性的。他在得知妻子与他最好的朋友有染时，无法抑制强烈的嫉妒情绪，陷入了这种负罪感引发的抑郁症（Sutherland, 1976）。

最后一个条件是相信某些人会私下里反对自己的行为。20 世纪 50 年代美国著名心理学家 O. H. 莫勒在 75 岁时自杀，他写道："你是你自己的秘密。"这三种信念的结合决定了儿童或成年人在意识到自己做了伤害他人的事情后，是只会感受到同情，还是会同时感受到内疚、羞耻和同情。

认知天赋出现的时间点取决于环境

虽然所有大脑结构完整的儿童都具有本章和前一章所述的能力，但他们表现出来这些能力的年龄，会因为环境支持程度的差异而有所不同。我在第一章中指出，1972年，我在危地马拉西北部阿蒂特兰湖沿岸的玛雅小村庄圣马科斯休假时，观察了这里的儿童和成年人，当时我就想确认这一想法的有效性。我的许多学生在接下来的七年里收集的证据证实了这种直觉，即人类认知天赋出现的时间点取决于环境。

对4个月至16岁儿童的研究表明，玛雅儿童发展了选择性地关注有差异事件的基本天赋，增强了工作记忆、推理、语言、道德感，以及对个人能动性、情感和思想的敏锐意识。但这些能力出现的年龄相对较晚，其提升的速度也慢于波士顿儿童。

来自马萨诸塞州剑桥和圣马科斯的婴儿多次看到两个不同的视觉刺激序列，然后再看到一个变异版本的序列。

美国婴儿的注视时间比玛雅婴儿长，但两组婴儿在实验中注视时间的下降曲线斜率相近。比较圣马科斯5~21个月大的婴儿与相邻但更现代化的圣佩德罗的婴儿发现，圣佩德罗镇的人口更多，婴儿父母的受教育程度更高，从事的工作多样化。圣马科斯婴儿对差异、记忆和象征性游戏的注意力集中程度落后于圣佩德罗和剑桥的婴儿几个月。但随着年龄的增长，圣马科斯的孩子们在这三项任务上的表现都有所提高。在母亲和研究人员突然把孩子单独留下时，这三组婴儿在8~12个月大的时候都会哭（圣佩德罗和圣马科斯的样本是在家里收集，但剑桥的样本是在实验室里收集）。

对于儿童在5~12岁发展起来的认知能力，圣马科斯儿童发展出这些能力的速度会随着能力更复杂而放慢。剑桥和圣佩德罗儿童较早拥有了回忆和识别许多以前见过的熟悉物体以及从一些示意图中推断出物体名称的能力。但三个样本随年龄增长所拥有的能力的提升曲线斜率相近（Kagan & Klein, 1973; Kagan et al., 1978）。

对玛雅参与者样本的最后一次测试评估了儿童在工作记忆中记住条目的能力。圣佩德罗和剑桥参与者的年龄从6岁到13岁不等，圣马科斯参与者的年龄从6岁到21岁不等。参与者必须记住12个熟悉物体图片的位置，12个相同玩偶的方向，并回忆一组熟悉的单词。第一个实验的过程说明为"玩偶程序"提供了一个模型。

开始的时候，每个参与者都会看到一排熟悉物体的图片。然后研究人员把照片翻过来，参与者必须记住它们的位置。如果参与者能正确记忆2张图片的位置，需要记忆的数量会增加到3张图片。每次参与者答对后，都会增加1张需记忆的图片。最后的得分是能够正确记住位置的图片数量。几天后，使用相同的12张图片进行上述实验的一种变式。现在，参与者首先看到并给2~12张图片命名。然后，研究人员把图片都翻过来，当参与者专心回忆的时候，她改变了一张或多张图片的位置。参与者必须再现被改变的序列。每次回答正确后，序列中的图片数量和更改数量都会增加。

结果与前面描述的相似。圣马科斯参与者的得分低于圣佩德罗参与者，剑桥参与者的得分最高。但在三个样本中，工作记忆容量的提升曲线斜率是相同的。不出所料，那些会说和读西班牙语的、穿皮鞋而不是拖鞋的、受过几年教育的圣马科斯父母，其孩子的记忆力得分最高。无论是洛杉矶、新加坡还是圣马科斯，家庭在社会中的地位对孩子的认知技能和动机都有类似的影响。

一项观察证实了记忆任务中要记住的特定信息的重要性。20名8~9岁的圣马科斯儿童被要求记住20个无意义的图案，分别与一个熟悉的单词——匹配。20人中有15人在仅重复6次后就成功习得了这20个关联。然后给他们3~7个代表了相应单词的图案序列，并让他们阅读序列所代表的句子。例如，"狗坐着"和"一个男孩坐在独木舟上"。那些无法记住4幅图片位置的8岁孩子，却学会了20种关联，并正确地读出了句子。显然，学习陌生刺激的具体指代（这是习得语言所必需的）对人类的生物学特征来说更容易。相比之下，在工作记忆中保存不相关图片的位置，并保存不相关的图式，却是不太自然的任务（Kagan et al., 1979）。

最后一项研究比较了剑桥5岁、8岁和11岁儿童与危地马拉东部贫困的农村相同年龄儿童的再认能力。每个儿童都看到了60张从美国杂志上拍摄的常见物品的图片，这些图片上的物品对美国儿童来说很熟悉，但许多物品对危地马拉儿童来说并不熟悉。实验通过立即、一天后或者两天后让孩子从一对图片中挑出一张他之前看到的图片，对孩子的再认能力进行评估。虽然5岁和8岁的危地马拉儿童的得分低于相同年龄的美国儿童，但当他们长到11岁时，上述的文化差异就变得很小了（Kagan et al., 1973）。

儿童大脑的成长

推理、语言、道德感和自我意识都在同一个发展时期出现，这一现象意味着大脑组织发展出了新的形式。尽管证据不多，但现有证据证实了这种可能性。儿童大脑树突的长度和分支数量直到2岁时才接近成年人（Schade & Ford, 1973）。在出生后第二年的上半年，当皮质呈现类似形式的发展时，神经元密度（每单位体积的神经元数量）下降的速度减慢（Rabinowicz, 1979）。

特别相关的是皮质第三层神经元的生长，这伴随着两个半球之间更快的表征迁移（Mrzljak et al., 1990）。现在，右半球的图式与左半球的语义网络结合得更快。这种变化使孩子的理解能力更强，说出更长的话语的能力也更强，同时增强了推断他人心理状态的能力。此外，用于控制肌肉运动的小脑轴突髓鞘形成的脂质，直到出生后第二年才达到成熟水平（Martinez & Ballabriga, 1978）。

证据表明，婴儿在出生后前六个月，功能发生了性质上的变化，而不仅仅是数量上的提升。从脸上第一次露出微笑到在面对一项艰巨的任务时宣布"我做不到"之间，相隔20个月。一系列心理特征的出现，将人类与其他物种区分开来。

未来对气质倾向的研究

在完成对2岁儿童的最终评估时，我正在撰写一本书，总结一项关于日托对华裔和白人婴儿影响的合作研究。我将在下一章中描述这两个群体在回避行为方面明显的种族差异，这唤起了我对费尔斯研究所收集的样本中少数1~3岁的回避型儿童的记忆，他们在成年后保留了与这一早期特征相关的特征。

这些不同的观察结果使人们更加频繁地思考气质倾向的概念，气质倾向使得孩子很容易或很难获得特定的特征。我之所以抵制这种假设，是因为我相信经验是差异的主要决定因素，这一信念在我20世纪50年代初毕业时得到了耶鲁大学心理学家的认同。但到了1979年，我不愿意承认生物学影响的态度已经改变了，由于生物学对心理特征差异的影响越来越普遍，气质倾向已经成为一个可以接受的研究对象。我那时才准备好开展对这个概念的研究。接下来的两章描述了这项研究。

第三章
孩子发展过程中的行为抑制

我在上一章结尾指出，我曾对行为模式差异主要受到生物学影响的观点存在偏见，但我的这种偏见受到了挑战，因为我们在 20 世纪 70 年代研究日托的影响时发现，华裔婴儿和白人婴儿之间存在明显的差异。这项研究的简要总结将解释我为什么承认了基于生物学特征的气质倾向对特定行为模式的影响。

日托研究

20 世纪 60 年代，随着越来越多育有年幼子女的女性进入劳动力市场，美国国会在各州建立由联邦政府支持的日托中心的压力越来越大。许多发展心理学家反对这项立法，因为他们认为孩子在出生后前两三年的经历塑造了孩子未来的性格，但这种信念尚未经过证实。鲍尔比坚持强调婴儿依恋母亲的重要性，为以下观点提供了支撑，即亲生母亲应该是孩子出生后最初几年的主要看护人。因此，检验这一流行观点似乎对上述立法影响巨大。

美国国立卫生研究院提供研究经费资助我和理查德·基尔

斯利、菲利普·泽拉佐开展一项研究，研究日托对生活在波士顿工人阶层社区的非裔婴儿的影响。令人遗憾的是，一群非裔社区的领导人担心，一个白人教授对非裔婴儿的任何研究都会对他们所保护的人群有害。他们要求我们终止研究。令人高兴的是，波士顿唐人街一所教堂的牧师承诺，如果我们的日托中心从他所在地区招收一些儿童，他将保护我们的日托中心不受骚扰。美国国立卫生研究院同意了我们调整样本，我们招募了华裔或欧裔的工人阶层或中产阶层母亲所生的健康婴儿。第一组华裔和白人的婴儿参加了一个日托中心，该中心位于一个工人阶层社区，中心的工作人员由华裔和白人女性组成，每天日托时间长达8小时，每周日托5天。第二组婴儿来自同一阶层和社区的华裔和白人婴儿只在家中被抚养。

在婴儿3.5~29月龄期间，研究人员对日托和家庭抚养的儿童进行了8次评估，评估的测试程序旨在测量：儿童是否注意到异常的情感状态，儿童的社会互动模式，儿童与母亲分离时的反应，以及儿童与年龄相适应的认知技能等方面的个体差异。感兴趣的读者可以在我们1978年出版的《婴儿期》一书中找到这些评价的描述（Kagan et al., 1978）。

日托儿童和家庭抚养的儿童在认知技能方面的差异很小，但在行为和生物学方面存在明显的种族差异，这暗示了气质倾向的影响。与华裔儿童相比，这两组白人儿童发出声音和微笑的频率更高，心率变化也更多。后一个有关心率变化的观察引发了我对费尔斯研究所收集的样本结果的记忆，我当时不知道出现这种情况的原因。与样本中的其他成年人相比，少数费尔斯研究所项目中的一些在蹒跚学步时表现出胆怯的孩子，他们在成年后也在静息时表现出较少的心率变化。低心率变异性意味着交感神经对心脏的影响比副交感神经系统更强。

我们在每次评估中对每个儿童在与母亲暂时分离时的反应进行编码。在日托组和家庭抚养组，对8~29月龄儿童的5次评估中，华裔儿童比白人儿童表现得更焦虑或出现更多哭泣。

然而，当这些儿童20个月大的时候，他们来到一个陌生的房间里，日托组儿童看到其母亲或照料者（家庭抚养组儿童则看到母亲或熟悉的成年人）和另一个陌生女人坐在房间里。在实验中，两人突然站起来并交换位置时，这些儿童对母亲的选择性关注其实并没有种族差异。在两人意想不到的举动之后，几乎所有的儿童都看着或去找他们的母亲。这一观察结果还表明，儿童与母亲的联系比与那些在日托中心照顾他们的熟悉女性的联系更紧密。儿童29个月大时的最终评估是儿童与他们的母亲一起去一家不熟悉的日托中心，在评估中两组华裔儿童都更长时间地黏着妈妈。这些观察结果表明，华裔儿童和白人儿童可能具有不同的气质倾向。在描述我们在这一领域的实验之前，简要介绍一下这个概念的发展过程是很有必要的。

气质概念的发展过程

每种文化都对其成员的表面行为差异有自己偏好的解释。

最常见的说法是，这种差异的产生是由于经验和内在特征之间的平衡。古希腊和中国文化之间的对比就是一个例子。希腊人传统文化里重视每个人的体内物质，即体液的影响，同时承认饮食和气候的影响。希波克拉底是希腊一位研究疾病物质症状的医生，他认为血液、黄色胆汁、黏液和神秘的黑色胆汁等体液在性质上的平衡是心理特征的基础。

中国传统文化给环境赋予了更多的能量，这要求每个人都适应其生态环境的频繁变化。每一次环境变化都暂时改变了互补的阴阳能量之间的平衡，每个人的能量来源，即气，都是从环境中产生的。由于环境不稳定，每个人的气的水平难以永久保持。对农业社会的家庭产生深远影响的洪水、干旱和蝗灾频繁发生，似乎源于这些能量而非特定客体。因此，中国人重视阳和阴两种互补的能量，而不是血液、黏液和胆汁这些体内物质在性质上的相对稳定性。

因为希腊人对心理学的影响远远大于中国人对心理学的影响，所以前者的思想主导了关于气质的学术研究。2世纪的医生盖伦，阐述了希波克拉底的假设，他提出，4种体液按照不同比例的结合产生了9种气质倾向，那些拥有完美气质倾向的个体，其身体中代表冷静沉稳特质的黏液、代表积极乐观特质的血液、代表暴躁易怒特质的黄胆汁和代表忧郁内敛特质的黑胆汁达到完美的平衡。

当原来平衡的各方有一个占据了主导地位时，会表现出4种不太理想的气质倾向，即多血质、抑郁质、胆汁质和黏液质。因为春天比冬天更潮湿和温暖，所以春天时积极乐观的气质倾向占据主导地位。秋天凉爽、干燥，于是忧郁的气质倾向增加了。这些概念在19世纪末之前一直很流行，只是略有增加或删减。

相比之下，将能量平衡放置于当前环境中的中国人更可能认为变化是不可避免的，并强调教育的重要性。这种有关个人与环境之间平衡的早期差异，在当代电影导演的作品中仍有所展现。美国人和欧洲人拍摄的电影有许多缺少背景、只特写1~2个人的镜头，亚洲人拍摄的镜头通常包括人物活动的场景。

20世纪20年代，在美国人试图同化数百万欧洲移民的时候，行为主义的引入淡化了每个人的生物学倾向，第一次冲击了所有与气质相关的概念。十年后，希特勒宣布雅利安人天生就具有比其他人优越的气质，这使得关于气质的研究在后来的大约40年内不再受欢迎。

许多事件恢复了一种观点的合理性，这种观点肯定了遗传对行为模式的贡献。克里克和沃森在1953年发表了关于DNA结构的论文之后，遗传学的新发现产生了深远的影响。托马斯、切斯和伯奇关于9种气质的说法得以传播，这也是很重要的，尽管他们的主要研究对象是父母为纽约大学教师的犹太裔婴儿，并且将父母对婴儿的描述作为主要研究数据（Thomas et al., 1969）。

对物种内的行为变异的研究表明，每种脊椎动物都会有一些成员倾向于接触新异的或者出乎意料的事件，其他成员则会回避这些事件，尽管这些倾向的遗传基础在物种间并不总是相同。例如，缅因州杰克逊实验室饲养的不同品种的小狗，当看到它们的主人慢慢走向它们，并最终将它们抱起来时，小猂犬比可卡犬表现得胆小。

在大容器里，有一群孔雀鱼与一条大型掠食鱼。其中一些孔雀鱼会向那条掠食鱼游过去，而大多数孔雀鱼会与大鱼保持距离。随着时间的推移，那条掠食鱼吃掉了所有勇敢的孔雀鱼，只有胆小的孔雀鱼存活了下来。但是，雌性孔雀鱼更喜欢和勇敢的雄性交配。勇敢者缩短寿命的成本，会通过繁殖上的优势得以平衡。

当我们发现面对意外事物表现出胆怯的品种或物种差异其实与其神经化学变化相关时，气质的概念变得更有说服力（Kagan, 1994）。人脑包含150多种不同的分子，以及2000多种与这些分子对应的不同受体。每个人大脑的不同部位，分子浓度以及受体的密度各不相同。例如，不同大脑部位的 μ-阿片受体密度因人而异（Kantonen et al., 2020）。传递疼痛的丘脑神经元中拥有 μ-阿片受体较多的成年人，其体验到的疼痛程度可能比受体较少的成年人低。如果构成气质倾向的分子或者受体的遗传来源，每个人都有5个等位基因，那么可能存在多达 3×10^{750} 个气质倾向，远远超过托马斯、切斯和伯奇提出的9个。

气质的定义

当代学者并不同意有关气质的定义，也不认可有效的证据来源。这种程度的意见分歧使读者在面对这个领域的文献时感到困惑。我的定义，虽然没有被认为是最有用的，但至少是简明的。我认为，气质是一种遗传的大脑化学或结构模式，它使得儿童更可能体验某些情感，获得或表现出某些行为能力，而这些行为通常出现在个体发展的最初几年。气质的一些行为特征包括：过分或轻微的易怒，烦躁时是否容易被安抚，微笑频率、食欲或睡眠的规律性，活动水平，以及对不熟悉事物的反应。当环境事件（如家长忽视、早产或受孕季节）是造成这些特征的来源时，应该给这些行为特征贴上一个明确的标签，以与遗传模式导致的行为特征相区别。目前这种区分并没有受到重视，因为研究人员不知道如何区分相同反应的不同来源。

判断气质倾向的证据应始终源于行为观察，如有可能，还应包括生物学测量。除非辅以直接观察，否则对儿童行为或情绪的口头描述并不能足够灵敏地预测行为。没有哪门自然科学的事实或概念的基础仅仅依靠专家的知识，实证研究将支持或反驳专家的观点。

问卷调查的局限性

大多数关于婴儿或成年人气质倾向的研究，都依赖于问卷调查。问卷调查的流行有其理由。对研究经费和大学终身职位的激烈竞争，迫使年轻的研究人员每年发表许多论文。这种需求促使研究人员选择低成本的研究程序，从而在短时间内收集大量数据。收集、编码和分析行为证据所需的成本和时间，使其难以符合当前学术环境的实用性要求。

而只依赖问卷调查的研究人员忽视或否认了许多因素，这些因素限制了研究结论的推断范围，因为这些研究结论都是仅基于这种单一来源的数据的推断。一方面，父母对关于孩子的调查问卷的回答与研究人员观察到的孩子行为之间的相关性不够高，研究人员无法假设父母的回答能够很敏感地表达那些从孩子行为推断出的概念。这就是为什么希尔·戈德史密斯和他的学生为孩子开发了一种研究流程，该研究流程通过观察孩子面对不同刺激的行为，评估9种可能基于气质倾向的行为特征（Gagne et al., 2011）。

问卷调查的局限性是比较容易理解的。首先，设置的问题必须使用所有被调查者都能理解的词汇，并能唤起他们类似的语义和图式网络。如果一个家长看到问卷上的某个问题，大脑中激活了孩子在受挫时随意扔东西的画面，那么他可能会认同"你的孩子在受挫时会被激怒吗？"的条目；但如果父母回忆起孩子只生气几秒钟的情境，往往会对同样的问题说"不"。在我们的一项研究中，一位母亲曾描述她3岁的女儿非常善于与同龄人交往，当她通过镜子看到女儿在与两个3岁女孩互动时的害羞或胆怯行为时，她承认自己感到惊讶。

问卷问题的内容会影响答案。当处于青少年前期的儿童被要求说出他们最恐惧的东西时，大多数人说出了"蜘蛛"。但是，当给孩子们列出一长串可能令人恐惧的东西时，选择"盗贼"和"呼吸困难"的人其实远远多于选择"蜘蛛"的人（Muris et al., 2000）。问卷中使用的特定单词会影响回答。成年的同卵双胞胎和异卵双胞胎填写了一份问卷，这份问卷询问了他们在与陌生人相处时的紧张情绪。如果同卵双胞胎的回答相同但异卵双胞胎的回答不同，则表明其回答与基因相关；如果两种类型的双胞胎的回答都相同，则表明其回答与基因无关，结果是，这些双胞胎对"我很难与陌生人开始对话"的肯定回答与基因相关，但对"如果我必须见很多人，我会感到紧张"的肯定回答与基因无关（Horn et al., 1976）。

询问父母的问题必须涉及几乎所有父母都能注意到的事件。这意味着研究人员不能询问只有轻微或短暂反应的情况，例如眨眼次数增加、短暂皱眉、面部或身体肌肉张力的变化。这些都是录下视频才可以被观察到的。最后，儿童和成年人都拒绝报告拥有他们认为不被接受的特征。许多生活在南加利福尼亚州较贫穷家庭的拉丁裔和黑人青少年在长大后否认自己处于受歧视的社会地位（Rahal et al., 2020）。

父母用来描述他们孩子行为的词汇，与研究人员发明的用来表示不同环境下对孩子行为逐帧编码产生的概念，很可能是不可比较的。也就是说，父母用来描述孩子害怕被攻击的词语，不能用来描述孩子在预期自己受到同伴攻击时面部或身体肌肉张力的变化。

连续变量或分类变量

第二个值得讨论的问题是，是选择连续变量还是选择分类变量进行研究。连续变量反映了儿童气质倾向持续变化的程度，分类变量仅能划分极端儿童的气质类别。下面将要描述的内容意味着，在许多不熟悉的事件和环境中都表现出回避和哭泣的儿童，与那些只在少数刺激情境下表现出胆怯的儿童，有着质的不同。在一个样本中，只有10%的2岁儿童在面对各种不熟悉的事件时始终表现得害羞和胆小（Rubin et al., 1997）。

研究生院教授的统计程序以及审稿人和期刊编辑的偏好，使得目前的研究更倾向于选择连续变量。现有的统计程序在变量连续分布时效果最好。用于检测儿童或成人类别的分析技术设计得较少。这是本末倒置的。成人睡眠时脑电波的频率和幅度是连续的，但在快速眼动睡眠中观察到的脑电波的频率和幅度模式被视为另一个性质上独特的类别。

如果1000个样本中有10%的儿童在所测量的3个变量上的值都位于分布中最低的50%或最高的50%，而其余90%的儿童各变量的测量值之间没有相关性，那么群体层面上，3个测量值之间将没有相关性，尽管有10%的儿童在这3个变量上的测量值都为高分或都为低分。

抑制型和非抑制型儿童

因为我总是坚持培根的实证主义，而不是对先验假设进行检验，所以当我在观察中发现儿童对陌生事件和环境的犹豫或回避现象存在个体差异时，我选择将这些个体差异作为研究的目标，而不是研究"恐惧"或"焦虑"的概念。但在1946年，一些心理学家认为，对一个物体或情况的犹豫或回避反映了一种恐惧状态。著名心理学家唐纳德·赫布就是其中之一（Hebb, 1946）。发展心理学家已经观察到，孩子在面对陌生人接近时会犹豫不决、哭泣或寻求靠近父母，但研究人员尚未给出孩子做出这种行为的原因。我认为，对于那些在某一维度上陷入极端的孩子来说，气质倾向很可能是这些行为变化的原因，这个维度的一端是极端胆小，另一端是极端大胆。我称极端胆小的儿童为抑制型儿童，极端大胆的儿童为非抑制型儿童。我将使用 INH 来指代抑制型儿童，使用 UNIH 来指代非抑制型儿童。

我曾读到，一些老鼠在了解到某个信号将预示着爪子会被电击后，当该信号出现，它们会在原地一动不动。这些老鼠的杏仁核被激活并向中央灰质发送信号，导致老鼠一动不动，这被称为"冻结"。动物待在原地不动和儿童在接近陌生物体时长时间犹豫是相似的，意味着负责杏仁核兴奋性变化的基因可能导致接近或回避陌生事件的倾向。

辛西娅·加西亚·科利是一名研究生，正在为她的博士论文寻找一个项目，她承担了最初的研究工作。她拍摄了117名21个月大的中产阶层、足月出生的白人儿童的行为。她将样本限制在白人儿童身上是因为研究表明，基因组中的种族差异可能会影响气质。

在母亲在场的陌生环境中，每个儿童都会遇到4种不同于他们过去经历的情况。她测量了儿童的心率和心率变异性。因为有证据表明，儿童害羞与心率变异性的降低以及对意外刺激更大幅度的心率加速之间存在相关性。我将详细描述参与者、实验程序和被编码的变量，这些变量定义了我们称为"抑制型"和"非抑制型"的概念，因为读者如果不知道产生结论所依据的证据，就无法评估我们结论的有效性。

起初，一位女研究人员进行了第二章所述的研究流程，她用玩具模拟复杂的动作，然后对孩子说："现在轮到你了。"在孩子从痛苦中恢复过来、研究人员离开后，一个陌生的女性进来坐在椅子上，叫孩子的名字，邀请孩子一起玩耍。该名女性随后离开房间，第一个女研究人员返回房间，走到房间的角落，打开金属机器人，并邀请孩子靠近并触摸那个金属机器人。然后，该女研究人员把孩子和母亲留在了房间里。过了几分钟，在一个信号提示后，母亲站了起来，让孩子独自待几分钟。当母亲返回房间，孩子平静下来后，两人来到另一个房间，在那里测量孩子静息时的心率和心率变异性。

抑制型或非抑制型儿童之间最常见的表现差异是在不熟悉的事件中退缩的时间、靠近母亲的时间、说话的次数、玩耍的时间和哭泣的时间等方面的差异。这些变量以及儿童接近不熟悉事件前的潜伏期长度相结合用于给接受测试的儿童打分，以创建对不熟悉事件的抑制或非抑制行为指标。我们检查分数的分布发现：有28%的样本（33名儿童）得分很高（被认为是抑制型儿童），而31%的样本（38名儿童）得分很低（被认为是非抑制型儿童），这两个群体之间存在断点，剩下41%的人没有那么极端。在某种程度上，得分在极端值的儿童往往比那些得分没有那么极端的儿童出现更多的特征保留（Kagan et al., 1989）。

几周后，这些儿童回来经历同样的过程。幸运的是，大多数儿童与他们之前被划分的类别相同，尤其是那些得分在极端值的儿童。此外，抑制型儿童在静息时心率变异性较低，而且对于不同寻常的事件的心率加速幅度较大（Coll et al., 1984）。

南希·斯尼德曼在辛西娅完成她的研究工作时加入了我的实验室，她想对每个气质组的心率变化周期进行光谱分析，以评估心脏迷走神经和交感神经张力的差异。她观察了一个由 31 个月大的儿童组成的独立小组，因为光谱分析要求参与者静止不动，年龄较大的儿童能够更好地抑制自身运动。因为辛西娅的研究情境对 31 个月大的儿童来说已经很熟悉，不会引起退缩行为，所以南希不得不选择不同的研究流程。我们已经了解到，面对一个年龄和性别相同的陌生儿童时所表现出的行为，是抑制型和非抑制型个体对不熟悉事件倾向的敏感鉴别指标。在这些孩子与同伴玩了 30 分钟后，一名头戴塑料面罩的女研究人员进来，沉默了几分钟，然后邀请两个孩子接近她。南希测量这些孩子与母亲亲近的时间、与同伴玩耍的频率和潜伏期、自发交谈的次数以及接近戴面罩的女研究人员的潜伏期作为他们对不熟悉事件的行为指标。15% 的儿童（26 名儿童）异常害羞和胆小（抑制型），14% 的儿童（25 名儿童）非常善于交际和大胆（非抑制型）。

我们把辛西娅和南希样本中的抑制型和非抑制型儿童合并成两组，并在这些儿童 4 岁、5 岁半和 7 岁半时，在母亲全程陪伴的环境中对儿童进行观察。在4岁儿童中，儿童与陌生同伴的互动提供了抑制型儿童的鉴别指标。在5岁半儿童中，有4种不同的刺激提供了抑制型儿童的鉴别指标：儿童与陌生同伴的互动、在小房间里探索3个新奇物体的潜伏期、在幼儿园课堂上的行为，以及一个小时内儿童与进行各种认知测试的研究人员的自发言语量。

研究人员对7岁半的儿童在不同的时间进行了两次行为观察。在90分钟的自由游戏和竞争性游戏中，儿童与7~10个不熟悉儿童的互动表现作为其中一个证据来源。第二个指标是自发地对研究人员发表言论的频率，以及发表前六条言论的潜伏期。

气质倾向的稳定性

儿童5岁半时在幼儿园的行为变化证实了每种气质倾向的稳定性。那些之前被分类为抑制型的儿童比那些被分类为非抑制型的孩子更为克制、孤独和谨慎。一名在21个月大的时候被分类为抑制型的女孩，每当有小朋友靠近她时，她都会与之争吵或者尖叫。几分钟后，她爬到桌子底下，盯着正在活动的同学。没有一个5岁半的非抑制型儿童表现出这种不寻常的行为。

5岁半抑制型儿童在听到一个场景的描述时，还看到一张小朋友的照片，照片上的小朋友表现得害怕或无所畏惧。抑制型儿童会更长时间地看着那个表现得害怕的孩子的照片。另外，抑制型儿童被展示了13张有2个主体的照片，在照片中其中一个人或动物是主动个体，另一个是被动个体（例如，一只动物接近另一只躺着的动物，一个成年人用手指指着另一个不动的成年人，一只动物在追逐一个孩子），抑制型儿童更关注这些照片中的被动个体，而不是主动个体。相对而言，5 岁的非抑制型儿童更倾向于一开始就盯着主动个体。最后，5 岁抑制型儿童的母亲更经常地报告说，他们的孩子害怕风暴，不敢在海里游泳、独自睡觉，畏惧火、自己的东西被他人抢夺和被强制留下。精神科医生对辛西娅样本中的父母进行了访谈，发现与那些非抑制型儿童的父母相比，抑制型儿童的父母中有 18% 患有社交焦虑障碍。

喉部肌肉张力水平的个体差异也能够区分抑制型和非抑制型 5 岁半儿童。肌肉张力是根据口语中基音周期的差异性推断出来的。基音周期的差异性越低，肌肉张力越大。抑制型的 5 岁半儿童的发声差异性较小。

在早上采集的三个样本中，抑制型儿童唾液中的应激激素皮质醇浓度也较高。我们采集了儿童在 5 岁半时的 8 个生物学指标，并计算出平均的 z 分数，该分数反映了交感神经靶点或下丘脑－垂体轴的活动。该评分与 21 个月时的抑制型鉴别指标有较高相关性（$r = 0.70$）。67% 的在 21 个月大时被分类为抑制型的儿童在 5 岁时的生物活性和 7 岁时的抑制型鉴别指标都很高。相比之下，65% 的非抑制型儿童在这些变量上的值较低（Kagan et al., 1988）。

在南希收集的样本中，超过四分之三的儿童在 21 个月或 31 个月大时进行了首次评估，而他们当时被分类为的气质倾向在 7 岁半时仍然保留。当仅将抑制型或非抑制型的气质倾向用于行为指标位于极端值的儿童（即高于或低于平均值0.6个标准差）时，三分之一的儿童保留了早期的气质倾向，只有3个儿童改变了气质倾向。大多数人从某个极端走向了人群分布的中间，到了7岁半时既不属于"抑制型"，也不属于"非抑制型"。

研究人员选取了一个由100名儿童组成的独立小样本，在他们14个月、20个月、32个月、48个月和66个月大时，将他们放置在不熟悉的环境中进行观察。观察结果表明，每种气质倾向的保留程度都是相似的（Kagan et al., 1989）。一位7岁抑制型男孩的母亲描述了她儿子的主要性格特征："如果有新的和不同的东西，他倾向于安静地观察……这是他行为产生的原因……这与新鲜感有关。"

儿童13岁时的评估

那些在21个月或者31个月时被分类为抑制型或者非抑制型的儿童13岁时，再次对他们进行评估，评估内容是一次与一位不熟悉的研究人员进行的测试，以及随后与卡尔·施瓦茨的访谈。在这两种情况下，与不熟悉的成年人交谈时的自发语言量和微笑频率是最显著的特征。一半的样本保留了他们原有的气质倾向，只有15%的人的外在行为与自己之前的分类属于不同倾向。这一结果证实了先前的说法，即气质倾向影响了获得和保留某些行为的容易程度。孩子1岁时表现出的抑制型或者非抑制型的心理与行为特征，不一定能得到保留，因为年龄较大的儿童可以通过努力和支持性环境抑制其气质倾向的冲动。抑制型的美国男孩比同样性格的女孩受到更多的嘲笑和欺凌，这使得那些具有抑制型心理与行为特征的男孩比类似的女孩更容易遭遇这方面的问题。

有一个抑制型男孩，我将他称为汤姆，他表现出了一种更极端的抑制型儿童所展示的行为模式。从21个月到7岁，汤姆在每次评估中都是最具抑制型特征的儿童。在5岁时，他的抑制型生物学指标很高。这个男孩身材瘦高，脸很窄，这是大约四分之一抑制型男孩的共同特征。在访谈的大部分时间里，汤姆都僵硬地坐在椅子上，偶尔咬嘴唇或扭动双手。他脸上仍然毫无表情，回答也很简洁。在数学和英语方面，他的成绩在班上名列前茅。他告诉采访者，他想成为一名科学家，因为"我喜欢思考问题"。一位亲戚去世后，他开始担心父母可能死于车祸。

拉尔夫，父母都是各自行业内的专家，他是父母的长子。在每一次评估中，拉尔夫都是三位最具非抑制型特征的男性之一。拉尔夫很健谈，几乎所有的抑制型生物学指标都很低。拉尔夫有着中等的身材，姿势放松，没有小动作，对待采访者就像对待同龄人一样。他也有很好的成绩，想成为乐队的专业鼓手，想不起来有什么曾给他带来持续一周或更久的恐惧。

抑制型和非抑制型的生物学特征

许多抑制型的孩子都和汤姆一样，身材瘦高，脸很窄，蓝眼睛。白人抑制型儿童及其亲属中蓝眼睛比例较高，这是一个意外的观察结果。艾利森·罗森贝格要求133所幼儿园以及一年级的老师选出他们班上最害羞、最不害羞的白人儿童,并附上他们的眼睛颜色。在这个来自新英格兰的266名儿童的样本中,43%的儿童有蓝色的眼睛,41%的儿童有棕色的眼睛。然而,60%的极度害羞儿童的眼睛是蓝色的(相对而言,最不害羞儿童只有42%是蓝眼睛的),58%的善于社交儿童的眼睛是棕色的(相对而言,最害羞儿童只有40%是棕色眼睛的)。艾利森对35名儿童行为的观察结果与教师对他们的评估有显著的相关性(Rosenberg & Kagan, 1989)。其他研究人员也报告了类似的结果(Coplan et al., 1998)。

这可能不是巧合。迪士尼动画工作室的艺术家们更倾向于赋予易受恐惧伤害的角色蓝眼睛,如匹诺曹、"糊涂蛋"和灰姑娘,而将深色眼睛赋予不那么焦虑的角色,如脾气暴躁的"爱生气"、彼得·潘和灰姑娘的继姐妹(Arcus, 1989)。深色皮毛(非野生型毛色)的大鼠比灰色皮毛(野生型毛色)的大鼠更温顺,深色皮毛的狐狸比浅色皮毛的狐狸较少回避意外的事件。皮肤上有许多黑色素斑点的虹鳟鱼的下丘脑-垂体轴对挑战的反应较弱(Kittilsen et al., 2009)。促黑素细胞激素与五种受体中的一种或多种的结合,会影响皮毛颜色的明暗度,也影响动物面对压力的易感性、能量水平甚至性行为和攻击行为(Ducrest et al., 2008)。

非抑制型的青年大多拥有拉尔夫那样肌肉发达的体格和宽阔的脸庞。美国或德国上市公司的首席执行官的脸庞比这两国男性或女性的平均尺寸要更宽大(Hahn et al., 2017)。甚至可以用这一面部特征来判断学龄儿童的能力和担任公共服务职务的可能性（Antonakis & Dalgas, 2009）。宽脸卷尾猴通常是队伍中的统领者（Lefevre et al., 2014）。体型高瘦的狗（判断依据为站立时肩膀的高度除以其体重的立方根的值），比体型中等的狗更胆小。

在北欧人群中，最常见的是身材瘦高、窄脸、蓝眼睛的人。3万年前，当人类到达这里时，这个地区的气候非常寒冷。由于这些新到来的人类的体温调节机制适用于更高的气温，因此任何能够更好地保存身体热量的基因突变都是适应性的。一种可能有帮助的基因突变是出现可以增加脂肪量的基因，但这种突变并没有出现。第二种可能是增强交感神经系统兴奋性的基因突变。如果一些北欧人获得了能使去甲肾上腺素或促肾上腺皮质激素释放激素达到更高水平的基因，他们的皮肤毛细血管会更快、更有效地收缩，这会阻止身体释放热量。目前至少有一项研究符合这一假设（Maley et al., 2014）。然而，介入这种适应性特征的化学物质也降低了杏仁核的激活阈值，因此这些人更容易受到可以解释为焦虑或恐惧的情绪的影响。

此外，我们对抑制型儿童及其一级和二级亲属进行调查发现，他们中湿疹和过敏性鼻炎的高患病率令人惊讶。较高浓度的皮质醇可能有助于解释这种相关性。皮质醇会提高免疫球蛋白IgE的水平，免疫球蛋白IgE会释放皮肤和呼吸道中的肥大细胞，从而引起湿疹和过敏性鼻炎的症状。

我们知道交感神经节、肾上腺髓质、黑色素细胞和面部骨骼都是神经嵴的衍生物，神经嵴在胚胎生长早期出现，并在受精后 4 周左右向周围迁移，从而影响眼睛颜色、面部形状和交感神经系统。此外，神经嵴可能导致高反应性儿童中较高的过敏易感性。影响过敏易感性的初始 T 细胞在胸腺中成熟。神经嵴是一组被称为基质细胞的胸腺细胞的起源，这些细胞分泌一种细胞因子，可导致皮肤或呼吸道过敏（Maroder, 2000）。人们很容易推测，3 万至 4 万年前，北欧人基因的变化以某种方式改变了神经嵴，从而导致了抑制型儿童的一些原型生理特征。

抑制型或非抑制型的行为指标既不能预测智商（IQ），也不能预测一系列特定的认知能力。然而，抑制型儿童比非抑制型儿童更加厌恶风险。实验中一组 5 岁半的抑制型儿童可以自由设定自己与目标篮筐之间的距离，这些抑制型儿童选择的距离比非抑制型儿童要短。在另一项研究中，一些 13 岁的青少年被要求模仿一名向后倒在柔软床垫上的研究人员。大多数非抑制型的青少年会采用自由、无限制的摔倒方式，用头部撞击床垫。相对而言，三分之一的抑制型青少年会谨慎地坐在床垫上之后再躺倒。

遗传因素对抑制型或者非抑制型行为的影响，在一些研究中也得到了支持。最有说服力的一次是 10 年前在科罗拉多大学进行的研究。研究样本包括 178 对主要来自白人群体的同性双胞胎（共 356 名儿童），在他们 14 个月、20 个月、24 个月和 36 个月大时，研究人员在实验室中观察了他们在测试和游戏过程中的行为。与异卵双胞胎相比，同卵双胞胎在极度害羞、谨慎的行为方面表现得更为相似。在 4 次实验室观察中，遗传力范围为 0.58~0.87（Emde & Hewitt, 2011）。

我们整个观察数据库以及其他研究人员的研究工作表明：对不熟悉或意外事件的偏好反应可能有遗传基础（Fox et al., 2005）。我们发现了在婴儿期能够预测抑制型或者非抑制型儿童的指标，这将平息人们对气质倾向的批评，这些批评者认为儿童在出生后第二年的行为差异可能是先前经验的产物。我将在下一章介绍这项研究。

第四章
高反应性和低反应性婴儿

一两岁儿童的抑制型和非抑制型行为并不总由先前的经验引发。这一观点需要探究儿童出现这些行为的可能原因。第一个问题是选择一些可能的行为指标，这些儿童行为可能源于儿童出生后第二年产生抑制型和非抑制型特征的同一生物基础。对小鼠和大鼠的研究表明，不熟悉的物体或环境激活了基底外侧杏仁核，而基底外侧杏仁核又向中央核发出投射。后者再次投射到目标区域，引起儿童的痛苦哭喊、剧烈运动和拱背。

如果杏仁核一个或多个核的兴奋性差异是引发抑制型或非抑制型行为的重要原因，那么婴儿在面对不熟悉事件时痛苦哭喊频率和运动唤醒水平的不同，可能是提供这些特征的敏感预测指标。基底外侧杏仁核和/或中央核的激活，由不同的化学物质和神经连接调节，可能伴随着4种行为模式之一：一些婴儿表现出频繁的肢体活动和对不熟悉刺激的痛苦哭喊；与之相反的婴儿则表现出较低水平的上述反应；其他两种类型婴儿表现为肢体活动频繁但是痛苦程度较低，或者是经常痛苦哭喊但肢体活动很少。

一项研究部分地支持了关于剧烈运动行为的猜想，该研究利用了新生儿在奶嘴上吮吸的频率和幅度不同的现象。在这项研究中，婴儿首先吮吸一个装了水的奶瓶的奶嘴两分钟。当水意外地被糖水取代时，婴儿的吮吸频率增加。味觉的这种变化会激活杏仁核。吮吸频率增幅最大的新生儿，比起那些吮吸频率增幅较小的新生儿，前者在2岁时更有可能在不熟悉的情况下表现出抑制型行为（Lagasse et al., 1989）。这一结果增强了以下观点的可信度：幼儿因不熟悉事件而产生的肢体活动水平上的差异是抑制型和非抑制型行为的潜在预测指标。

南希·斯尼德曼招募了100名4个月大的参与者，这些孩子的父母都是健康的中产阶层白人。种族限制是必要的，因为日托中心的研究以及一项对波士顿、都柏林、北京4个月大婴儿的调查显示，中国婴儿和白人婴儿在对不熟悉事件的反应方面存在差异（Kagan et al., 1994; Liu et al., 2020）。

南希拍摄了大约60个婴儿在面对无恶意但不熟悉的视觉和听觉刺激时的反应，然后我在一个小房间里观看了每一个视频，利用一种培根主义的思维方法将其归纳推理，以便了解所显示行为的范围和特征。第一组婴儿的情况很相似，这些4个月大的婴儿偶尔会移动手臂或腿，并且发出声音，但他们不会哭泣或拱背。但有一个婴儿给我提供了所需的线索。

当彩色可动玩具在她脸前缓慢来回移动时，这个女孩的肌肉张力增加。彩色可动玩具移动第四次时，她手臂和腿的剧烈运动、哭泣和几次拱背的动作反映了更高的唤醒水平。这名婴儿与第一组婴儿有质的不同，她的模式表明杏仁核的激活阈值较低。

我认识她的父母，知道这名婴儿的异常行为不是因为家族遗传。

在100名婴儿中，约20%的婴儿表现出剧烈的肢体运动，偶尔出现拱背，并在面对不熟悉的事件时哭泣。后来我了解到，许多具有这种特征的婴儿在出生后第二年表现出抑制型行为。这一事实促使我的研究生多琳·阿库斯对来自同一阶层和种族的另外500名4个月大的婴儿进行了同样的研究。这项相同的研究在儿童9个月、14个月、21个月和42个月时都进行评估。

每个4个月大的孩子都会面对5个不熟悉的事件，而他的母亲始终坐在房间的后面，但不在婴儿的视线范围内。第一个不熟悉事件是，在贴好测量心率的电极并获得静息心率后，婴儿听到来自装有扬声器的挡板上传来的用女性声音朗读的8个短句，挡板正面有一张人脸的示意图。在第二个不熟悉事件中，测评者站在婴儿的后面，在婴儿的面前将悬挂的1个、3个或7个彩色可动玩具前后移动，总共进行了9次试验。第三个不熟悉事件是将浸满水的棉签放在婴儿鼻孔下1次，然后将浸满稀丁醇的棉签放在婴儿鼻孔下3次。第四个不熟悉事件是，扬声器再次被放在婴儿旁边，婴儿听到一个女声分别以3个音量级重复音节ma、pa、ga三次。最后一个不熟悉事件是，测评者在孩子身后戳破了一个气球。

这些可动玩具，改变了我们认为的区分抑制型和非抑制型婴儿的最敏感的基础生物学指标。这些刺激引起婴儿肢体活动、哭泣和背部拱起的显著变化。句子和音节偶尔会引发婴儿哭泣，但较少引发肢体活动。丁醇会引起一些婴儿烦躁，大多数婴儿对气球的破裂没有反应。

在南希和多琳的样本中，大约 20% 的婴儿表现出频繁的剧烈肢体活动和哭泣超过 2 次。我们将这些婴儿分类至高反应性组（HR）。虽然这组婴儿中的大多数也会拱背，但频率和范围都非常有限，我决定将拱背从高反应性婴儿的定义中排除。人数最多的一组婴儿（占总样本的 20%）对相同事件的反应完全相反，他们偶尔移动手臂或腿，但很少哭泣。该组被分类为低反应性组（LR）。有四分之一的样本被称为痛苦组（D），他们在 2 个或更多的测评事件中哭泣，但没有表现出太多肢体活动。人数最少的一组婴儿（占样本的 10%），活动四肢时充满活力，很少哭泣，这些婴儿被分类为唤醒组（A）。

婴儿的行为结果

我们预测，高反应性组的婴儿会对不熟悉的事件表现出抑制型行为，而低反应性组的婴儿会表现出较多非抑制型行为。我们呈现给年龄较大的儿童的刺激会随着他们的成熟而改变。这些刺激包括：贴测量心率的电极，以及遇见机器人、陌生人、不熟悉的木偶、闪光灯、玩具小丑和穿着小丑服装的女人。潜伏期较长，拒绝接近物体或人，哭泣，以及靠近母亲的持续时间，是我们选定的抑制型鉴别指标。我们统计了引起这些行为的刺激的数量。大多数婴儿没有表现出一种以上的行为，因为这些事件都没有在客观上带来危险或威胁。我们将婴儿按照产生抑制型行为的数量分为三组：抑制型行为不超过一个组，有两个或三个抑制型行为组，以及有四个或更多抑制型行为组。

正如我们所料，在婴儿9个月至14个月期间，抑制型行为显著增加。更重要的发现是，那些被分类为高反应性的4个月大婴儿，到了14个月和21个月时的抑制型行为分数高于那些被分类为低反应性的婴儿。超过一半的高反应性婴儿和10%的低反应性婴儿，在14个月和21个月时有4种或4种以上的抑制型行为。其他两组（痛苦组和唤醒组）的分数介于高反应性组和低反应性组婴儿之间。这些结果证实了我们的假设，即4个月大婴儿剧烈活动以及他们对无威胁但不熟悉事件的痛苦表现上的差异，反映了作为抑制型和非抑制型行为模式的生物学基础。这种倾向并不只在实验室里才能观察到。萨拉·里姆-考夫曼在幼儿园教室里观察了一组包括高反应性和低反应性儿童的表现，发现低反应性儿童比高反应性儿童更经常说话、大喊大叫和自愿参与活动。研究人员对4个月大和14个月大婴儿收集的数据进行的潜在类别分析表明，高反应性儿童和低反应性儿童属于不同的类别（Stern et al., 1994）。

由于并非每个高反应性婴儿在出生后第二年都表现出抑制型行为，因此有理由认为家庭环境很重要。多琳访问了24个高反应性婴儿和26个低反应性婴儿的家，她在婴儿5个月、7个月、9个月、11个月和13个月时录制了母子互动的情景。抑制型分数高的高反应性婴儿有对他们过度保护的母亲，她们没有为孩子提供机会来消除他们谨慎的习惯。相反，那些表现出少量抑制型行为的高反应性婴儿，他们的母亲在他们哭泣时没有选择立即抱起婴儿，并且对他们不适当的行为设定了严格的限制。这一证据支持了对我们早期工作的批评，即家庭环境可以创造一种抑制或非抑制型的模式，而无论其气质倾向。米歇尔·德·蒙田在得知这个结果时会微笑，因为他相信，保护自己的孩子免受一切痛苦和危险的父母，最终却使孩子在青少年期和成年期无法应对生活中的常见压力。

读者们应该会记得，年龄较大的抑制型和非抑制型儿童在心率、心率变化和心率变异性方面存在差异。出生后成为高反应性婴儿的胎儿，在出生前几周的心率高于出生后成为低反应性婴儿的胎儿。4个月大时将成为高反应性婴儿的两周大婴儿，他们的母亲在他们睡着时将他们直立起来的心率，要高于4个月大时将成为低反应性婴儿的两周大婴儿（Snidman et al., 1993）。四分之三的高反应性婴儿，在两周时通过心率频谱分析发现其具有较高的胎心率，并较多受到交感神经影响。这些婴儿大多数在14个月和21个月时有抑制型行为。当副交感神经系统更多控制婴儿时，4个月大时测量的静息心率并不总能区分高反应性和低反应性婴儿，尽管面对特定事件时的心率加速上的个体差异还是能够区分高低反应性婴儿。

在婴儿出生后第二年的评估中，被分类为低反应性的男孩表现出更多自发的微笑，同时静息心率低，心率变异性高，这反映出他们的迷走神经张力高。没有哪个高反应性婴儿，无论是男孩或女孩，会同时出现非抑制型行为、经常微笑、持续低心率。

研究结果可以在多项独立实验中重复获得仍然是证明所有推论有效性的黄金标准。幸运的是，马里兰大学的内森·福克斯和他的学生也发现了相似的现象：与低反应性婴儿相比，高反应性婴儿在 14 个月和 25 个月时更可能显示抑制型特征（Fox et al., 2015）。

儿童 11 岁时的评估

我们评估了 237 名 11 岁儿童，他们在 4 个月、14 个月和 21 个月大时也曾被评估。在研究人员总计 3 小时的实验室评估中，对最初 18 分钟视频进行的编码为得出结论提供了重要的行为证据。收集生物学数据时，这些儿童必须保持安静。我们对他们与女性测评者互动过程中自发言论和微笑的数量也进行了编码。此外，一名独立观察者也在 4 点量表上评价了该时间间隔内抑制型或非抑制型的行为表现。

母亲和她们的处于青春期前的孩子也在家中接受了访问，母亲们在家中对孩子最典型到最不典型的行为特征描述进行排序。母亲列出了 28 项对孩子的描述，涉及学校成绩、社交能力、心境、剧烈情绪变化和精力水平。孩子对 20 种描述进行了排名，强调了对违反规范、犯错误、担忧、害羞、个人竞争力和厌恶风险的情绪反应。生物学指标包括：对心血管系统的指标、脑电图显示的大脑半球 α 波频率不对称性、事件相关电位、皱眉肌张力和增强惊跳反射。

高反应性婴儿性格特征的分布变化

大自然依然慷慨。曾经是高反应性婴儿的年轻人被评为更抑制型。自发微笑的数量是将儿童分类为低反应性的一个特别敏感的指标。儿童自发微笑的差异似乎是一种可遗传的特征（Emde & Hewitt, 2001）。

低反应性儿童的父母认为他们 11 岁的孩子社交能力很强，而高反应性儿童则常被描述为害羞。然而，这些描述与我们的实验室观察结果之间的相关性较低。两个数据来源之间的相关性仅在行为指标处于极端值的年轻人中较高。两名年轻人的自我描述与他们的经历或当前行为有关。对于"大多数时候我很高兴"和"我喜欢做冒险的事情"的说法，那些低反应性的年轻人最有可能认同。

大约三分之一的高反应性参与者和二分之一的低反应性参与者在 11 岁时表现出了他们预期的心理与行为特征。大多数高反应性婴儿在 14 个月大时没有保留他们极度害羞、胆怯的性格特征，而是移动到了人群分布的中间位置，因为抑制型特征不适合他们所生活的社会。然而，这些高反应性婴儿中的许多人确实拥有他们所期望的生物学特征，下面我将对此进行描述。

大脑左右半球激活的不对称性

几位研究人员发现：大脑左右半球额叶之间静息状态时的

α波（频率为8~13赫兹）的微小差异，与成年后的内向和外向性格特征有一定的关系。α波伴随着松弛状态，但在面对挑战情境时被更高频率的神经振荡所取代。与右额叶相比，大多数的美国成年人静息状态时左额叶的α波频率略低，这意味着左额叶的α波频率功率更高。这些成年人被分类为"左额叶激活"，25%~30%的人大脑右半球激活的情况更多。大多数时候，感到快乐的成年人更经常报告左半球的活跃。内向者更容易表现出"右额叶激活"（Davidson & Fox, 1982; Davidson & Rickman, 1999）。不愉快的事件同样会引起不对称。有关这项测量指标的许多论文提示：不对称的方向更可能反映出一个人的暂时状态，而不是更持久的特征。这就是为什么随着时间的推移，这项测量指标只具有一定的稳定性。

α波频率的这种不对称可能是从内脏到每个脑叶的输入差异的结果。由肠道、心血管系统和平滑肌输入引起的大脑右半球激活略多。因此，频繁经历内脏唤醒的儿童不愉快（或者焦虑）时，其右额叶应该被激活得更多。这一预测在惊恐障碍患者中得到了证实（Wiedemann et al., 1999）。

福克斯和他的学生报告了在14个月大时出现抑制型行为的高反应性婴儿更可能出现"右额叶激活"。我得知后决定收集这一测量指标的数据（Calkins et al., 1996）。我们重复了他们的观察，得到了相同结果。在14个月和21个月时表现出抑制型行为的高反应性儿童，比其他组的儿童更可能出现"右额叶激活"。每个表现出"右额叶激活"的高反应性男孩都报告说，"如果我的父亲或母亲说我做错了什么，我会感到非常难过"，这句话描述了他们的一个独特特征。

脑干听觉诱发电位

一天下午，我的学生苏珊·伍德沃德闯进我的办公室告诉我，她发现了一篇论文，这篇论文报告称那些被诊断为惊恐障碍的患者的脑干听觉诱发电位（BAEP）波幅更大（Iwanami et al., 1997）。她认为，也许高反应性婴儿也会有这种反应。脑干听觉诱发电位是对"咔嗒"声的反应，由一系列波组成。前五个波反映了听神经动作电位、耳蜗核、上橄榄核、丘系和下丘激活的时间顺序。最后一个波被称为第5波，通常发生在声音开始后6毫秒，峰值为6微伏。由于杏仁核只向下丘发出投射，因此波幅大于平均值的第5波可能是测量杏仁核兴奋性的一个指标，因此与婴儿出生后4个月的高反应性模式和出生后第二年的抑制型行为相关。苏珊检验了这个想法。

曾经是高反应性婴儿的年轻人显示出比曾经是低反应性婴儿的成年人波幅更大的第5波（Woodward et al., 2001）。那些出现"左额叶激活"并自称"大部分时间都很快乐"的低反应性青少年第5波的波幅最小。第5波波幅的变化比我们收集的其他生物学指标能更好地区分高反应性和低反应性婴儿。而且，这个指标相比于其他指标，是测量杏仁核兴奋性的更敏感指标。这一说法在大鼠基底外侧杏仁核和中央核的记录中得到了有力的支持，这些大鼠对位于高处、光亮和开阔的小巷会表现出特别高或低水平的防御行为，而这些都是大鼠感到厌恶的。处于高度防御状态动物的杏仁核更易兴奋，第5波的波幅更大（Nobre & Brandao, 2011）。

心血管系统的指标

我们收集了每个青少年仰卧时的心率、收缩压和舒张压，以及心脏频谱中的高低频功率比。频谱中包含两个波峰。高频峰值通常约为 0.2 Hz，表示呼吸对副交感神经系统迷走神经成分介导的心率的影响；低频峰值为 0.05~0.15 Hz，被认为反映了血压和体温的缓慢振荡（Loewy, 1990）。低频峰值的较大相对功率被认为是交感和副交感神经系统影响的平衡中有利于交感神经系统的间接指标。更易兴奋的杏仁核将天平倾向交感神经系统。

结合频谱中高低频功率比和静息心率最能区分高反应性和低反应性青少年。更多的高反应性青少年频谱的低频峰值和静息心率更高，低反应性青少年更有可能在这些指标上有相反的表现。这些青少年也更经常地微笑，并将"大部分时间我很高兴"这一条目作为自我描述的前三条之一。

在测量第5波之前，我们对每个青少年进行了听力测试，以确保每个青少年都能听到"咔嗒"声。这项具有挑战性的测试需要高度集中注意力30分钟以上。在许多试次中，与低反应性组相比，高反应性组的心率呈线性增长。

事件相关电位与时间敏感性

我选择事件相关电位（ERP）的幅度作为测量指标，其峰值约为400毫秒，因为研究人员报告说，出乎意料的事件会引发这种波形。事件相关电位是一种对时间敏感的突触后波形，由大量神经元对特定刺激产生。事件相关电位可以是负的，也可以是正的，分别由N或P标记，后跟一个数字，表示对该电位产生反应所延迟时间。由于突触中存在大量抑制性和兴奋性输入，因此很难推断一个事件相关电位的确切来源。

在前100~200毫秒内发生的事件相关电位，反映了大脑对刺激的物理特征的反应，而不是事件诱发的关联模式（例如，视觉事件中的空间频率和轮廓的走向）。延迟大于200毫秒的波形被认为是大脑在对前一个事件和当前事件或者模式与当前事件之间进行比较。被称为N400或N4的事件相关电位的平均延迟为400毫秒，但延迟也可能在300~800毫秒。这种波形出现在与主体预期不一致的事件中，涉及一些语义表征（Kutas & Federmeier, 2011）。

当一个句子的最后一个单词与前面的单词不一致时，就会出现N4波形，例如，"胡萝卜有助于润滑"。然而，如果用4个星号排成一排替换"润滑"，则出现N4波形的可能性要小得多，因为参与者期待后面出现的单词（Kutas, 2000）。这一观察结果类似于第二章中描述的一种现象，即婴儿对事件的注意力持续时间与该事件和熟悉事件的差异程度之间呈现倒U形关系。当看到与预期不一致的图片时，N4波形也会出现，例如婴儿的头枕在勺子柄上的图片。

这些事实表明，与低反应性组相比，高反应性组的青少年更容易被出乎意料的事件唤醒，他们对不熟悉或意外的刺激表现出波幅更大的N4波形。每个青少年都观看了两个彩色场景图片序列，每个序列有169张图片。第一个序列中70%的图片都是关于同一个事件的——烟花表演；15%的图片画着同一朵花，被称为"古怪刺激"；其余15%的图片每一张主题都不同，但都在现实中存在（例如一辆卡车），这些图片被称为"新异而有效刺激"。第二个序列同样主要包含一个事件，70%的图片呈现一个黄色消防栓，15%的图片上有一个不同的古怪刺激（一朵不同于第一个系列的花），但剩下的新异刺激没有现实意义（例如，一把三条腿的椅子，一个成年人长着一副婴儿面孔），最后这一部分图片被称为"新异而无效刺激"。每张图片都被呈现了一秒钟，年轻人被告知要看着每张图片，尽量不要眨眼。

正如研究人员所料，参与者在看到新异刺激时N4波形的波幅最大，因为每个图片都是独特的。古怪刺激引起了适度的事件相关电位，而那些在70%的时间重复出现的图片N4波形的波幅最小。更重要的观察是，高反应性青少年看到第二序列中的"新异而无效刺激"图片时可能会出现波幅更大的N4波形。这些图片严重违背了人们的预期，从而引发了大脑中杏仁核的活动。此外，与低反应性参与者相比，高反应性参与者额叶、中央沟和顶叶上的电极显示了波幅较大的N4波形，这意味着神经元群被召集的范围更广。

惊跳反射和皱眉肌

测量个体在经历不愉快事件时对突然出现的响亮声音的惊跳反射是合理的，因为有研究人员报告，有焦虑症状的成年人对声音的惊跳幅度较大。惊跳反射包括姿势变化和眨眼。70多年前，三位心理学家发现，当一个电击的条件刺激出现，然后出现引起惊跳的响声时，老鼠身体的惊跳反射幅度更大，这一反应引起了人们的关注（Brown, Kalish & Farber, 1951）。心理学家认为，更强的惊跳反射，称为增强惊跳反射，是一种人处于恐惧状态的标志，因为预期自己将遭到电击的老鼠应该处于恐惧状态。与第5波一样，杏仁核将神经信号发送到大脑中一个调节惊跳反射的部位。因此，一个更活跃的杏仁核应该产生一种增强惊跳反射。

想量化人类恐惧的心理学家明白，道德规范不允许他们引发参与者全身惊跳反射或对其实施痛苦的电击。他们需要从整体惊跳反射中找出一个更简单的成分，以及电击之外的恐惧刺激。他们将眨眼的反应幅度增加作为衡量恐惧状态的指标。这种选择忽略了这样一个事实，即身体反应和眨眼不是由同一个神经回路介导的，面部肌肉的不自主收缩会增加眼睛对响声的眨眼反应。令人不愉快的场面被选为恐惧的诱因。许多研究人员向成年人展示了血淋淋的尸体、蛇、蜘蛛、枪支和匕首的照片，以及无辜的人遭受伤害的场景，并记录了这些成年人眼轮匝肌的张力（眼轮匝肌的收缩会引起眨眼）。

实验中使用这些令人不愉快场景图片忽略了一个事实，即大多数成年人都不希望在实验室看到这些图片。因此，参与者更大的眨眼反应可能反映出他们对此感到惊讶和对这些奇怪刺激出现原因的思考。当一个人全神贯注思考或坐在黑暗的房间里时，对响亮声音的眨眼反应幅度更大。我的三个学生发现，参与者在处理字谜问题时眨眼的反应幅度增加与看到令人不愉快的图片的反应幅度增加相同（Kagan & Snidman, 2004）。更令人不安的是，苯二氮䓬类药物，本应减少报告的主观焦虑，却不影响眨眼。此外，传递愉快事件的信号使参与者受惊吓程度可能与触电警告引起的眨眼反应幅度所显示的受惊吓程度一样大（Bradley et al., 2018）。大量证据足以让我们质疑，出现在危险信号之后的一个响声使参与者表现出的眨眼反应幅度增加是恐惧或焦虑状态的敏感鉴别指标吗？尽管如此，对高反应性和低反应性的年轻人收集这一指标的数据似乎是合适的。

我们也测量了前额皱眉肌的张力，因为当一个人全神贯注思考时，肌肉张力会增加。我们分别测量了人在面对威胁和中性事件时的皱眉肌张力。一个威胁事件是向年轻人喉咙里喷一口令人不快的气体，这一事件发生的信号是一盏灯亮起，另一个威胁事件是给参与者看许多心理学家过去使用过的9张令人不快的场景图片以及9张中性场景图片。

与其他人相比，高反应性青少年面对喷出令人不快的气体或者面对令人不快的图片时眨眼反应的幅度没有增加。然而，皱眉肌张力确实区分了两种气质倾向。高反应性青少年在信号灯亮起时的皱眉肌张力较大，无论信号灯显示的是将喷出气体还是保证不喷出气体，因为高反应性个体在整个过程中更加谨慎。这一证据使人们开始质疑那个受欢迎的假设，对厌恶场景的眨眼反应幅度增加也许并不能很好地指示"恐惧"或"焦虑"等模糊且去场景化的抽象概念。

气质倾向是多种影响因素的结合

五分之一的高反应性组青少年具有抑制型行为且在至少两个不同的生物学指标上出现极端高值。三分之一的低反应性组青少年具有非抑制型行为风格，且这些生物学指标值较低。更重要的结果是，两组中只有不到5%的人发展出了另一种气质。大多数高反应性或低反应性的婴儿形成了他们社会中平均的儿童性格特征。然而，每个婴儿的气质倾向都使其难以获得其他气质倾向的行为特征。高反应性婴儿很难保持低反应性青少年那种放松、无所畏惧的性格。基因虽然限制了可能的结果，但是不能决定最终结果。换言之，一个高反应性婴儿没有成为一个善于社交、乐观的年轻人的概率，要高于这个婴儿成为一个讨厌聚会、避免风险、喜欢独自活动的焦虑内向的人的概率。

气质倾向制约个体发展的结果与社会阶层的影响类似。如果100名心理学家被告知，面前的1000名婴儿每一个都有在经济上有保障的、受过良好教育的父母，这些父母都充满爱心，并且鼓励婴儿遵守社会规范，那么这些心理学家预测这些婴儿将不具有何种特征的正确率，应该高于这些心理学家预测这些婴儿将具有何种特征的正确率。也就是说，预测这个样本中较少有人是性工作者、罪犯、高中辍学者、无家可归者或贫困者的正确率，远远高于预测这个样本中的人的性格特征、政治说服力、大学专业、认知天赋或首选职业的正确率。关于一个人的每一个新事实都会减少可能出现的结果的数量。

类似地，鸣禽的物种基因组限制了其鸣叫的基本形式，但并不决定听到其同类鸣叫后产生的变异。如果一个人确定某只鸟是雀鸟，他可以自信地预测它是否在唱某种"歌曲"，但不太可能知道它唱的是哪首特定的"歌曲"（Brainard & Doupe, 2002）。

有 12 名低反应性男孩是演员克林特·伊斯特伍德在《荒野大镖客》中扮演的角色的青春期时的原型。他们很少小心翼翼，坐着时躯干或面部肌肉张力最小，很少说话，从不抱怨生物学指标带来的烦恼，并将"大部分时间都很快乐"列为对他们情绪的恰当描述。同样重要的是，这些男孩还表现出较高的迷走神经紧张、左额叶激活、小幅度第 5 波和 N4 事件相关电位。

与年幼的儿童一样，结合生物学指标最能区分两种婴儿气质倾向。七个生物学指标的平均 z 分数显示，分数处于高分一端的高反应性参与者远多于低反应性参与者。低反应性男性的平均 z 分数最低，而高反应性男性的平均 z 分数最高。尽管性格特征发生了变化,许多不再害羞或不再胆小的高反应性年轻人仍然保留了他们气质倾向的生物学特征。瑞士心理学家卡尔·荣格用"阿尼玛"或"阿尼姆斯"来描述气质倾向的心理特征。[①]他认为,个人可以呈现一个与其生理特征不一致的角色。这正是我们发现的:气质倾向对一个人的主导情感基调的影响大于对这个人行为的影响。例如,英国诗人、剧作家托马斯·斯特尔那斯·艾略特和美国女诗人西尔维娅·普拉斯的诗歌就暗示着其拥有一种经常感到烦躁的气质倾向。

行为测量和生理测量的相对独立性引出了一个理论问题。我们该如何描述那些曾经是高反应性婴儿的 11 岁青少年?他们对没有现实意义的场景图片表现出高交感神经紧张、右额叶激活以及幅度较大的第 5 波和 N4 事件相关电位,但既不害羞、胆小,也不情绪低落。这意味着表达抑制型行为冲动的大脑状态是可以被抑制的。

一位富有洞察力的 11 岁高反应性男孩符合这一描述,这个男孩在课堂作业中写下了他的经历。下面这段话摘自那篇较长的文章,记录了他控制情感和人格的后天能力。

[①] "阿尼玛"和"阿尼姆斯"对应的英文分别为 anima 和 animus。其中,"anima"在广义上常被用来指代一个人的核心精神或生命力,类似于"灵魂"的概念。在心理学和精神分析领域,特别是在卡尔·荣格的理论中,"anima"具有特殊的意义,代表男性内心的女性特质和情感,是男性潜意识中的女性形象,对男性的心理成长和情感体验有深远的影响;与之相反,"animus"代表女性内心的男性特质和潜能,是女性潜意识中的男性形象。——编者注

我一直都是一个焦虑的人……我花了很长时间才意识到如何应对这种高度的……紧张。我发现，我的焦虑可以通过使用简单的"人定胜天"信念克服……例如，当第一次在华盛顿听说炭疽病时，我开始感到胃痛。我意识到我的不适只是因为我的焦虑。一旦我意识到这一点，我的胃痛就消失了。因为我现在了解了自己的焦虑倾向，我可以摆脱简单的恐惧。

最重要的是，我要提醒那些支持对连续变量提出假设的读者，我们的证据使用了分类变量。高反应性和低反应性的概念是基于婴儿4个月时剧烈运动和哭泣次数处于极端值来界定的。这些得分为极端值的婴儿的成长轨迹，不同于那些得分不是极端值的较庞大的群体。

儿童15岁时的评估

4年后，研究人员对在11岁时被评估过的高反应性和低反应性青少年中的大多数进行了访谈，访谈在这些青少年的家中进行。一位不了解青少年所属类别或过去行为的女研究人员，在一次大约3个小时的访谈中提出了一系列问题。此外，每个青少年根据对自己性格的理解，对两组不同的性格特征是否与自身相符进行排序。一位不知道参与者气质倾向的编码人员研究了拍摄的访谈过程，并综合每个青少年的健谈程度、微笑频率、姿势紧张度、手部小动作数量，以及声音是否柔和、目光是否远离采访者给出一个抑制型行为总体评分。一位独立的编码人员同意第一位编码人员最初的评分：高反应性青少年的行为符合预期；与低反应性组相比，高反应性组说话和微笑的频率较低，身体肌肉紧张，手部小动作较多，他们中有61%的人被评为抑制型行为青少年，只有10%的人被评为非抑制型行为青少年。

　　采访者用不同的词汇和句法询问了参与者感到焦虑的原因3次。只有曾经是高反应性婴儿的青少年报告说，他们会担心一些大多数青少年都不会感到焦虑的寻常事件和环境。这些事件和环境包括在公共汽车或地铁上坐在陌生人旁边，去一个陌生的地方，听到救护车的警笛声，以及思考未来。一位高反应性女孩说："我担心未来，因为不知道未来会发生什么。"另一位高反应性女孩说她不喜欢春天，因为她永远无法确定春天时的天气。

　　婴儿期具有这两种不同气质倾向的青少年所出现的不切实际的担忧数量上的差异，比他们与采访者互动时的行为差异更明显。如果我们假设这些青少年更经常地体验到产生不确定性的内脏感觉，那么我们就可以理解为什么这些青少年更频繁地报告他们对一些很少引起其他15岁青少年焦虑的情境感到焦虑。青少年在寻找产生不确定感的原因时，会在场景中选择不熟悉的事件，无论是在公交车上遇到陌生人还是听到救护车上的警报。

　　对大脑更频繁的内脏输入、更易兴奋的杏仁核和一个不熟悉的事件，共同引起了高反应性儿童和青少年的大脑状态，这种大脑状态可以唤起他们对环境中潜在危险的思考。这些认知表征继而引发了他们对那些对其他大多数年轻人来说完全安全的事件的过度担忧。遇见陌生人在所有城市都很常见，而在小村庄可能不太常见。因此，生活在城市中的年轻人的社交焦虑会加剧。直到 1980 年，社交焦虑障碍的诊断类别才出现在美国精神病医生使用的手册中。巧合的是，在此之前的一年，城市人口出现了过去 50 年中最大幅度的增加。高反应性使儿童容易担心——该生物学特征选择了可能引发担忧的事件。

宗教信仰通常有助于减轻忧虑。比起低反应性组，高反应性组更经常有规律地参加宗教仪式和信仰上帝，尽管高反应性组和低反应性组参与者的父母在宗教信仰上没有差异。

这些年轻人对性格特征的排序支持了其行为数据。高反应性组将"我很认真""我在决定做什么之前想得太多""我希望自己变得更加放松"列为自己的性格特征。他们很少认同"我很随和"这句话。

对高反应性和低反应性个体的生物学测量

大量接受采访的高反应性和低反应性青少年来到我们的实验室，评估额叶激活的不对称性、第 5 波、不同场景下事件相关电位波形，以及心血管系统指标（Kagan et al., 2007）。11 岁时发现的大多数生理差异在青少年 15 岁时仍然出现。在这些青少年 11 岁和 15 岁的脑电图中，高反应性个体比低反应性个体显示的右额叶激活更多（28%∶4%）。40% 的高反应性个体在两个年龄段都出现较大的第5波，但是没有一个低反应性个体出现这一情况。

参与者看到6组图片（每组包含了20张不同的彩色图片）时，研究人员收集了他们的事件相关电位波形。第一组、第三组、第五组图片描绘了有效场景；第二组、第四组、第六组图片描绘了无效场景。正如研究人员所料，所有参与者对无效场景的N4事件相关电位波幅均大于对有效场景的N4事件相关电位波幅。然而，在看完第一组无效场景的图片之后，低反应性参与者的N4事件相关电位在两种场景之间的差异较小，波形呈现出象征习惯化的低斜率。相比之下，直到看完最后一组无效图片，高反应性参与者在面对无效和有效场景时的N4波形仍然表现出很大差异。这一结果表明，在所有6组图片中，高反应性青少年的杏仁核保持了较高的兴奋性。我们将在后面的一节中看到，研究人员在测量杏仁核的血流量时，也发现了事件相关电位对意外图片习惯化的低斜率波形。一个15岁的女孩既表现出抑制型行为模式，也表现出第5波波幅较大，以及对无效场景的N4事件相关电位低斜率的习惯化趋势，她还在访谈中告诉采访者，"当和不认识的人在一起时，我感到自己很脆弱，因为我不知道该做什么或说什么"。

我们再次发现，单一的生物学指标对测量气质倾向的敏感度，不如在婴儿4个月大时将测量气质倾向和/或行为相结合的测量模式。单独测量出"右额叶激活"或N4事件相关电位波幅较大，并不能预测所有抑制型的参与者。但在一个或多个生物学指标上得分较高的高反应性青少年，很可能是害羞、胆小和谨慎的。

对儿童的最后一次评估

我的同事卡尔·施瓦茨对 135 名高反应性和低反应性参与者在他们 18 岁时进行了测试，收集了他们的临床和生物学指标。他首先在实验室里观察参与者观看几个图片序列时的情况，评估这些参与者在观看图片时的血流量（通常标记为 BOLD 信号，意思是血氧水平依赖功能对比）。第一组图片以同一组人脸的重复呈现开始，每一张人脸都保持中性的表情。然后，在没有任何提示的情况下，出现了一组不同的人脸。高反应性参与者在面对人脸图片的出乎意料的变化时，表现出杏仁核较大的 BOLD 信号（Schwartz et al., 2012）。

在下一个研究流程中，参与者看到的第一张图片是一张显示中性表情的人脸。这可能导致大多数参与者预测另一组也是中性人脸图片。然而，第二张人脸上是愤怒的表情。正如研究人员所料，在 4 个月时表现出更多拱背动作的高反应性参与者，其杏仁核对这张脸的 BOLD 信号要大得多。

来自第三组图片的证据证实了：15 岁的高反应性青少年在面对有效场景图片和不一致场景图片交替出现时，他们的 N4 波形的斜率较小。但这一次测量的是杏仁核活动水平，而不是 ERP 波形。高反应性参与者在面对四组无效场景的图片时都保持一个较强的 BOLD 信号。这些数据增强了我们对以下假设的信心：高反应性婴儿具有的内在神经化学或神经回路，降低了杏仁核对不熟悉或意外事件的唤醒阈值。其他证据也有助于提高我们对这一假设的信心。首先，对意外事件表现出抑制型行为的猴子，其前额叶皮质对杏仁核的调节能力较低（Birn et al., 2014）。其次，面对不可预测事件时表现出抑制型行为的猴子，其杏仁核的中央核比其他个体更易兴奋（Fox et al., 2012）。

几周后，一位对这些青少年的前期数据一无所知的临床医生对他们进行了标准的精神病学访谈。与低反应性参与者相比，高反应性参与者被诊断为社交焦虑障碍、抑郁或广泛性焦虑障碍的人数更多。这一结果证实了克罗尼斯·图斯卡诺及其同事1999 年的一项研究。尽管有一部分低反应性女性符合其中一种综合征的诊断标准，但也有少数女性在面对无效场景时，表现出 BOLD 信号的低斜率习惯化趋势，她们在 4 个月大时经常拱背，或在 14 个月和 21 个月时对许多刺激表现出抑制型行为。这些事实表明，焦虑障碍或抑郁症，以及可能属于精神病学范畴的大多数精神障碍，可能都源于生物学和实证经验的不同结合（Tung & Brown, 2020）。每种精神障碍的病因都是不同的。因此，搜索第 5 版《精神障碍诊断与统计手册》里引发某一种障碍的风险基因时，可能会找到不止一组。

一些高反应性成年人很容易由于一个物体或环境与自己对其适当外观的表征之间极微小的差异而感到困扰。例如，他们注意到桌子上的面包屑或灯不在其正常位置，就会中断他们正在做的事情，去纠正这种情况。这些强迫行为在生物学和实证经验上有不同的起源。然而，一个可能的起源是高度兴奋的杏仁核及其向基底神经节的投射，因为他们遇到的事物不同于他们对这些事物的通常外观的表征。我记得我读过一篇关于通常沉默寡言的英国理论物理学家、量子力学奠基者之一保罗·狄拉克的文章，他在和朋友参观美术馆时，指着莫奈画作上的一个小色点说："它不属于那里。"

生活环境对成年人表面特征的影响

福克斯关于高反应性和低反应性婴儿的研究结果以及其他研究人员的观察结果表明：具有一致性的结果增强了我们推断的有效性（Fox et al., 2005）。该研究结果库也解开了一些有关费尔斯研究项目中那一小群幼儿的谜团，这些幼儿在 2 岁时表现出回避新异刺激的特征，长大后成为依赖他人、胆小的人。艾略特《四个四重奏》中的台词是恰当的。

> 我们不会停止探索，
> 我们所有探索的结果，
> 将回到我们开始的地方，
> 并第一次认识这个地方。

虽然一个曾经是高反应性婴儿的人在年轻时可以压抑其抑

制型行为特征，但其气质倾向的生物学基础似乎得到了更好的保留。生活环境对成年人的表面特征具有相当大的影响。一个低反应性婴儿如果拥有一个富足的、充满爱的童年，在优秀的学校读书，也拥有足够的天赋，那么他很可能会选择一个决策风险更低的职业，因为这种风险对低反应性个体（与高反应性个体相比）引起的不确定感更少。脑外科医生、辩护律师、航空公司飞行员、消防员或对冲基金经理很可能适合这些人。出生时具有完全相同的低反应性的婴儿，生长在犯罪率高、教育资源不足的城市社区的贫困单亲家庭中，更有可能走上犯罪道路。

在处于中产阶层且充满支持的家庭中长大的高反应性婴儿，很可能被吸引到一些社会互动较少和具有风险的职业领域中。这些年轻人更喜欢成为作家、计算机程序员、科学家或数学家。如果高反应性婴儿成长在贫困家庭和偏向不合群的环境中，他们更可能对自己信心不足，并会试图找到一个尽量减少社会互动并保证有稳定工资的职业。大多数工业化国家的高度竞争条件意味着低反应性婴儿在成年期的适应能力稍好一些。然而，许多高反应性婴儿和抑制型儿童可能会成为杰出的科学家、作家、程序员，甚至总统。传记作家、普利策奖获得者罗恩·切尔诺在给乔治·华盛顿写的传记中指出，华盛顿儿时是一个非常害羞的孩子，蓝眼睛，长大后是一个谨慎的成年人，对失败有强烈的恐惧（Chernow, 2010）。

高反应性和低反应性只是在童年早期表现出来的许多可能气质倾向中的两种，未来的科学家可能发现其他先天倾向。但我猜想，他们需要观察婴儿，而不是较大的儿童或成年人，因为早在儿童2岁时，环境就从相同的气质中创造出了不同的角色。研究人员必须首先找到行为特征，然后再寻找导致这种行为的生物学特征或基因。大多数气质倾向的可观察行为在儿童四五岁时就消失了。然而，这些看不见的生理状态，像一滴黑色墨水扩散在装满甘油的玻璃杯中一样，得到了长期保留。定义每个成年人性格的生物学和实证经验可以比作一块灰色的布，由非常细的黑白线紧密编织而成，无法单独确定每条线的颜色。

第五章
对研究的追问

我不断阅读科学和历史领域的书籍，同时思考前四章总结的研究证据，将模糊的直觉转化为三个明确的信念。这些信念围绕以下三点：检验测量指标模式的重要性，承认环境对数据收集的影响，并且认识到使用语言来描述观察和推断的困境。本章阐述了这些信念。我补充了对当前研究状况的个人反思，这些反思都与三个信念中的某一个有关。我相信读者会给予这位91岁的老人这样的特权，因为这是他的最后一本书。

检验测量模式之间的关系

除了少数反应，每个心理结果都可能是一系列先前事件的产物。因此，研究人员应该检验测量模式之间的关系，因为特定模式通常会揭示一个明显包含因果关系的连续传递过程。医生可能会基于语言缺陷和社交缺陷对一个儿童做出孤独症的诊断，但孤独症产生的原因可能是其在某个年龄感染了特定病毒，也可能是其大脑特定部位表达的特定基因突变。这两种归因模式可能代表了不同的病因，也可能代表了不同的治疗方案。

生态、生命形式、基因组、制度、经济或个人经历的变化都是三种过程的产物：删除、添加或重新排列现有模式的组成部分。38 000 个人类基因，包括蛋白质编码和其他基因，可以组合成大量的模式。单个基因的作用取决于它组成的整体模式。

这就是为什么研究单个自变量和单个因变量之间关系的这种流行做法存在着严重的问题。研究人员经常将一个物种中一对测量指标之间的关系，推广到存在于许多物种中的不同的自变量与因变量之间。"焦虑"这个概念就是一个例子。研究人员发现，准备给陌生人演讲的大学生唾液中的皮质醇变化与自我报告的社交焦虑之间存在中度的相关性，他们通常认为皮质醇的测量值是表示所有焦虑状态的敏感测量指标，不仅适用于对疾病、攻击性袭击、金钱损失、朋友的拒绝或任务失败的焦虑，也适用于对老鼠不愿进入灯火通明的小通道这种情境。

70 多年前，弗兰克·比奇批评心理学家根据实验室饲养的白鼠的数据进行如此多的有关学习的推断。心理学家偏好少数几个能够广泛推广的概念，而不是关注更多推广能力有限的概念，因为他们认为后者只是说明了一个普遍概念的许多范例中的一个独特特征。

由于每个结论的有效性取决于证据的来源，因此根据多个证据来源形成的模式会为推断过程奠定更好的基础。皮质的兴奋性取决于将感觉信号传输到大脑皮质的丘脑核和抑制这些神经元活动的丘脑核之间的平衡（Martinez et al., 2020）。当一个测量指标被视为一个抽象概念的指标时，没有一门科学学科能够逃脱之后可能产生的问题。甚至宇宙的膨胀速度也因测量指标的不同而不同——基于宇宙温度的估计结果与基于星系和恒星亮度的估计结果是不同的。

研究人员应该检验模式，因为两个实体或者关系两方所共享的单一特征可能误导我们，让我们以为它们属于同一类别。比如，成熟的无花果和棉花糖具有相同的甜度，但在定义其类别的关键特征上有所不同；有些狐猴的眼睛是蓝色的，但决定狐猴是蓝眼睛的基因与决定人类是蓝眼睛的基因并不相同；托尔斯泰的小说《安娜·卡列尼娜》和《战争与和平》中有许多相同的音节，但音节的组合模式以及因此产生的词汇各不相同。

经济学家保罗·萨缪尔森认为，任何具有相同数学形式的领域，可能也具有其他共同属性，但事实经常和他的这种直觉相违背。比如，描述直角三角形斜边和两条直角边长度关系的等式和估计家族成员共享特征程度的遗传力等式，都是值平方的线性相加，但这些等式所指代的现象并没有其他共同属性。

定义每种精神障碍的症状构成了不同模式，这些模式结合了人的生物易感性、童年经历和症状出现时的情况。人类关心的大多数结果，例如犯罪、自杀、在学校的表现和药物滥用，都是各种条件结合的产物。为了预测一个孩子在成年后是否存在精神方面的问题，我们必须将其在头 18 年中是否经历了父母死亡的事件（这是 4% 的美国儿童曾经历的事件）与其他因素结合起来考虑（Luecken & Roubinow, 2012）。

我系一名研究生的论文提供了一个很好的例子，展示了检验模式的价值。这个学生想寻找吸引新生儿注意力的声音的物理特征。他向参加实验的婴儿展示了 27 种声音，这些声音的频率、响度和上升时间（达到峰值强度的时间）各不相同。在花了一年的时间分析数据后，他失望地发现那些能够吸引婴儿注意力的声音没有特定的频率、响度或上升时间。我建议他寻找引起最明显唤醒的 3 个特征的模式。其中最有效的模式结合了某种特定的频率、响度和上升时间，产生了类似人声的声音（Kearsley, 1973）。

在 300 多名参与气质研究的孩子中，有一个男孩从 4 个月大直到 15 岁都表现出独特的模式。在他 4 个月时的评估期间，他长时间皱眉；在他 14 个月时的评估期间，他经常发脾气。3 岁时，这个男孩和一个陌生的男孩在两位母亲在场的游戏室玩耍时，表现出罕见的行为：当那个陌生男孩在一个塑料隧道内时，他拿起一根木杆，开始敲击同伴坐的位置的塑料隧道。他母亲后来尴尬地告诉我，他经常走到家里的客人面前打他们。在青少年时期，他成绩很差，被同学们排斥。要考察这名男孩罕见的心理与行为特征，需要考虑他随时间变化的特征模式。与分析 1 万名成年人 [他们在广泛、异质的精神障碍范畴（如抑郁症、焦虑障碍、品行障碍或者孤独症）的发病率上存在很大差异] 的基因组相比，描述一种罕见特征模式的基因基础更有可能揭示因果关系的连续过程（Crouch & Bodmer, 2020）。

沃纳和史密斯研究了在夏威夷群岛考爱岛出生的 690 名儿童

的发展情况。其中大多数儿童的父母都是未受过教育的移民，他们在岛上的甘蔗种植园工作。尽管存在早产、慢性病和／或不可预测的家庭环境等早期逆境，但表现出适应性特征的青少年具有四种属性：低反应性的气质倾向，头胎，兄弟姐妹很少，由受过良好教育的父母抚养，父母给予孩子极大的关注（Werner & Smith, 1982）。

一只运动着的大鼠对一个跑道上不同位置的表征包括：从内侧隔核到内嗅皮质的输入模式，内嗅皮质向海马中位置细胞的输入，以及那只动物的奔跑速度（Bolding et al., 2020）。

与野生祖先相比，家养驯化动物最典型的四大特征是拥有色素沉着斑、柔软或灵活的耳朵、突起较少的口鼻和雌性更频繁发情。这些动物的野生祖先更回避陌生人，对陌生人更具攻击性。除了色素沉着斑，人类具有其中三个特征。然而，由于不同的基因，每个驯化的物种都具有不同的特征模式。

由两类雌激素受体在体内的密度不同而定义的模式，将人类男性分成两类。一类受体控制阴茎和睾丸的主要性特征的发育；另一类受体阻断女性性特征的发育，即圆脸、厚嘴唇、不突出的下巴和少量的体毛。因此，具有男性生殖器的人可以分为两类：一类男人方脸，有突出的下巴、薄薄的嘴唇和大量的体毛；另一类男人则缺乏这些第二性征。这两类男人面对同一挑战的反应应该有差异。

在大量西方音乐作品（古典音乐和爵士乐）开头的 16 个小节中，最常见的模式是重复单个主旋律（AA），然后出现一个不同的旋律（B）。贝多芬第五交响曲的第一小节采用了这种 AAB 模式。当 AAB 模式的乐曲播放到 B 旋律时，听众的脑电图会出现一种独特的波形，但在 AB 模式中没有（Rozin et al., 2006）。许多英语诗歌都遵循 AAB 模式，包括童谣《杰克和吉尔》。寻找模式的优势尚未说服大多数心理学家采用这种策略，也许未来的研究人员会承认这一事实。

收集观察结果时的环境

收集观察结果时的环境决定了参与者的期望、想法和出现各种行为的概率。这里的环境不仅包括具体的研究流程，还包括对房间和其他在场人员的熟悉程度。环境是一种特征模式，从人的一组可能的行为中选择一个。这一观点类似于达尔文的主张，即当地生态环境从一个更大的集合中为每种动物选择一个或多个特征。科隆群岛上频繁的降雨使当地的雀的喙变小。一种开花植物著生长的海拔高度会影响该植物成熟时的高度：在高海拔地区能长到 50 厘米的一根插枝，在中海拔地区种植只能生长到 10 厘米（Clausen et al., 1958）。

局部环境会影响高危患者可能出现的症状。父母或祖父母抑郁的第三代美国成年精神障碍患者表现出各种各样的症状，包括药物滥用或惊恐障碍，因为当前环境影响了出现的特定症状（Weissman et al., 2016）。超过 90% 有关精神障碍的生物学与相关研究是以美国人或欧洲人为研究对象的，但他们只占世界人口的

15%，他们生活在与地球上大多数人不同的环境中。

从 1996 年到 2017 年，在夏令时之后的 5 个工作日内，美国西部各州的致命车祸数量有所增加，因为这一时期清晨的太阳在天空上的高度比过去几个月都要低。驾驶员知觉的这种轻微变化导致了错误判断（Fritz et al., 2020）。

两个陌生人在实验室里玩游戏是一种独特的环境。如果一个人拒绝了陌生人从其得到的 10 美元中给他 1 美元的提议，那么许多社会学家会认为这个人在实验室外做出决定时，也会拒绝类似的按此比例分配收益的提议。然而我认为，一个慈善机构负责人如果向一位富有的对冲基金经理索要 100 万美元的资助，也应该不会拒绝对方给出的 10 万美元的支票。同样，如果一位科学家申请 300 万美元的研究经费，也应该不会拒绝 30 万美元的初期工作拨款。

由于新冠疫情，2020 年学生们需要远程学习高中和大学课程，而在家庭环境中接触新的事实和想法带来了许多问题。这些问题包括学习中尚未理解的想法无法向同龄人请教，无法进行需要昂贵设备的科学实验，无法参加戏剧、音乐会或体育等活动，访问大学图书馆的机会有限，无法与老师单独讨论个人问题或职业选择，以及会受到日常分心事件的影响。

斯坦利·米尔格拉姆因为在研究中发现了普通美国成年人会服从一位陌生的研究人员而出名。该研究人员告诉参与者在陌生人完成指定任务出错时，他们要在另一个房间对陌生人（研究人员的合作者）进行痛苦的电击。然而，环境影响了参与者的顺应性。当陌生人坐在参与者旁边而研究人员在另一个房间时，或者研究人员不被视为合法权威时，成年参与者不太可能对他人执行痛苦的电击（Milgram, 1974）。

米尔格拉姆之所以进行这些研究，是因为他想理解那些在纳粹集中营中杀害数百万犹太人的德国警卫的行为。但是集中营的环境与米尔格拉姆创造的环境不同。卫兵们知道，如果他们不执行上级的命令，他们可能会被杀，并且他们中的许多人认为他们的行为符合他们所热爱的国家的需要。米尔格拉姆错误地假设，当面对一个来自大学的研究人员给一个陌生人实施非致命电击的要求时，这个美国人所表现出来的顺从行为，能够推广到集中营中的德国警卫，但这些警卫认为被他们杀害的受害者是国家的敌人。

一个有窗户的大房间可以让幼儿找到他们在一个没有窗户的小房间里找不到的隐藏物体（Learnooth et al., 2001）。日本火车站引入蓝光或地铁站台边缘安装屏蔽门，显著地降低了自杀率（Matsubayashu et al., 2014）。

琳达·巴特舒克提供了一个极好的例子说明研究流程的重要性（Bartoshuk, 2014）。她想知道，甜味味蕾较多的成年人是否比那些甜味味蕾较少的成年人尝到的味道更甜。起初，她让味蕾数量不同的成年人对尝到的味道进行评分，以评估他们对不同溶液的甜味感知。令她惊讶的是，这两个变量之间没有任何关系。因为这个结果与直觉相反，她改变了研究流程。参与者现在要调整控制声音响度的杠杆。他们必须使声音的响度与液体甜度相匹配。这一研究流程得出的证据证实了一个更合理的假设，即那些具有较多甜味味蕾的人确实会体验到更甜的感觉。一种解释认为，较强的声音和对非常甜的液体的较强烈感觉，都会引起参与者一种显著的感觉，而当参与者通过纸笔来评定甜度时，这种感觉就消失了。

20世纪60年代的神经学家认为，在儿童不同部位的皮肤同时施加两个短暂的触觉刺激时，难以分辨出这两个刺激的儿童大脑可能受损。伊丽莎白·诺兰，我的一个研究生，对这个结论持怀疑态度，于是重复了这个研究流程。但在施加刺激前，她告诉儿童她可能会触碰他们皮肤的两个部位。研究流程上的简单变化改变了之前的研究结果。几乎所有儿童都会报告他们皮肤的两个部位被触碰过（Nolan & Kagan, 1978）。

科学家将功能磁共振成像扫描仪中的血流量模式推断推广到自然生活场景中，他们忽略了扫描仪使用环境的独特特征：参与者处于仰卧状态，运动受限于狭窄的功能磁共振成像扫描仪管道内，并意识到陌生人正在评估他们。一个人在这些情况下产生的心理和大脑状态，不同于其在自然生活场景中遇到类似事件时的状态，例如遇到一个面部表情很害怕的女人跑出商店（Lee & Siegle, 2014）。

那些提出催产素增强社交行为和情感联结的研究人员，并不承认该分子及其代谢片段会部分通过作用于选定大脑部位的GABA受体诱发一种松弛状态（Liu et al., 2015）。该场景选择了一个人放松时可能发生的行为和/或感觉（Cardoso et al., 2016）。

一个孤独的成年人凝视星空，会感到敬畏；一个女人回忆起她快乐的青春期，会感到怀念；一个人在一天结束时饮一杯葡萄酒，会感到平静。

你正在与之互动的那个人的地位可以影响你的嗓音特征。电视节目主持人拉里·金采访在美国社会具有崇高地位的嘉宾时，其嗓音会逐渐模仿起嘉宾的嗓音特征，但如果嘉宾地位较低，其嗓音不会出现这种变化（Gregory & Webster, 1996）。相反，那些依靠机械特克平台的成人参与者在线提供研究数据的心理学家，并不知道这个平台的数据提供者在什么地点回答问题。

芝加哥大学人类学家理查德·施韦德曾向一群哈佛大学的听众讲述了一段经历，这段经历证实了环境的重要性。施韦德当时正在印度奥里萨邦的庙镇进行实地考察。因为他和妻子邀请了三位身份不同的客人共进晚餐，所以必须通过去掉食物中的香料，以保证三位客人都能接受该食物。当地宗教信仰的要求需要理查德去寺庙，带回符合宗教信仰标准的食物。客人们离开后，施韦德的妻子向这次晚餐剩下的食物中加了一些鸡肉，然后拿给了他。他立刻感到恶心，因为加入的鸡肉都不是从庙里来的。他对自己身处奥里萨邦的意识引发了一种厌恶感，如果他在芝加哥的餐厅里，是不会感到厌恶的。

许多在北美或欧洲中产阶层家庭长大的成年人，被家人和媒体说服，相信他们可以控制自己的命运。因此，如果他们无法控制的情况导致了其对自身的失望或失败，他们就会感到自己对此负有部分责任。一些无法意识到不可控事件影响的成年人被迫向自己证明，他们对自己生活的某些方面有一定的控制力。控制热量摄入通常就是证明这一能力的证据，因此这一群体的一些成员会患上进食障碍（Moisin, 2009）。多种多样的例子应该让研究人员相信，收集数据的环境对研究证据有重大影响。

考虑地点和时间

如果我们把环境的定义扩展为包括一个历史时代的文化中一个社区的特征，就必须考虑一系列新的结果。每一本传记都描述了一个人在特定的环境下，以特定的特征模式行事的结果。改变特征或者改变环境，描述都会发生变化。

随着治疗精神障碍药物的推出，抑郁症、焦虑障碍和注意力缺陷多动障碍的发病率也出现了异常上升。罗伯特·惠特克指出，许多旨在治疗症状的药物改变了大脑的化学成分，导致出现新的或者更严重的症状（Whitaker, 2010）。在过去的100年里，进行工业化的国家，其环境中的化学污染物含量增加，再加上结婚年龄的推迟，使得男性精子中的一种DNA碱基发生罕见或独特变化（称为"新发突变"）的可能性增加。因此，在过去的一个世纪里，人们观察到男性不育的发病率更高，精子数量减少，以及他们后代的基因出现严重异常，这种异常包括精神科医生称为孤独症和精神分裂症的严重精神障碍。

我们物种的历史以一系列不可预测的变化为标志，这些变化有些是大自然造成的，但也有许多是人类独创的。每一次变化都创造了一个新的环境，要求该地区的人类应用其推理、记忆、语言、想象、感觉的能力，以及一种不可抗拒的冲动去判断所选择的想法和行为是否与道德要求相符，从而改变一些信仰和行为以适应新的环境。我选择了4种不同的结果，这些结果产生于一些我碰巧发现的、感到很有趣的环境改变。

自我概念的影响

一个社区的成员身份会影响一个人对自己在特定技能方面的能力的信心。那些天赋水平仅略高于社区平均水平的年轻人，在小城镇认识的更有天赋的同龄人比在大城市里要少，所以他们更有可能参与学校项目，如参与制作年鉴、学校戏剧团或运动队。因此，生活在小城镇里的人们将感受到一种优越感，这种优越感是那些生活在一个有着800万人口的城市里并具有平均技能水平的人所不曾体会到的，因为那些城市有许多才华横溢的年轻人。

自1945年杜鲁门担任总统以来，至2024年的13位美国总统中有8位在小城镇度过了童年时光，而不是在越来越多美国人居住的大城市。艾森豪威尔、里根、约翰逊和克林顿，他们身上散发着自信，很受欢迎，在小城镇长大，在那里他们被老师和社区视为具有特殊才能的人。

我17岁前是在新泽西州中部一个有2万名居民的小镇度过的。因为我的成绩和技能在高中的班级里名列前茅，所以我被选中去纽约参加一个重要的会议。《纽约先驱论坛报》的一名记者拍摄到了我，第二天我的照片就被刊登在报纸上。我记得当时我觉得自己特别重要。如果我1946年在较大的纽瓦克市上高中，我很肯定我的许多同龄人的学习成绩会比我好，我也不会被选去参加会议。

大城市教会了大多数年轻人"人外有人"。1720年，一名女孩出生在新罕布什尔州康科德市一个受过良好教育的富裕家庭，她有一种优越感。然而，她对世界的了解和技能不如2020年生活在同一个城市的大多数贫困青少年。

结论的有效性

从伽利略在月球上发现"斑点"（他称之为"月海"），到20世纪第二个十年引入量子力学，这大约300年间，自然科学家的推断全部基于任何研究人员用适当的仪器都可以进行的观察。量子概念改变了这一切：没有人能观察到光子或电子穿过狭缝，他们只能记录该事件的结果。

物理学家珀西·布里奇曼是最早认识到这一历史性变化所带来的意义的科学家之一。他的解决方案是操作主义，即一个概念的每个推理或意义的有效性取决于其证据来源或产生观察结果的研究过程（Bridgman, 1927）。布里奇曼认为，使用尺子所测量的以厘米为单位的圆直径的含义，不同于光学提供电子直径证据时直径的含义。这种极端的立场扑灭了科学家们的希望，科学家们希望所有概念都可以由不同程序提供的证据支持。但事实证明，有关结论的有效性取决于为推理提供证据的研究过程的想法的正确性。根据化石放射性碳−14的含量对化石进行年代测定很容易出错，因为化石燃料的燃烧、核能的爆炸和渗入土壤的农业化学物质都会影响其结果。

另一个例子可以说明文化背景所产生的影响。这个例子与对数字的认知差异有关。虽然美索不达米亚被认为是数学的起源地，但希腊人对数学认识的进步使数学定律"神圣化"，使数字成为神圣的符号。爱奥尼亚人是数字神秘主义（即相信数字和数字符号具有神秘力量和特殊意义）者，他们认为10是最好的数字。在伽利略、开普勒和牛顿证明了方程描述自然现象的惊人能力之后，这种对数学的敬畏才得以巩固。到17世纪末，欧洲人比其他社会的人更相信数学可以揭示自然界的秩序。

对数字的尊重在经济学中占主导地位。著名经济学家罗伯特·卢卡斯曾宣称，如果经济学论文不包括数学方程，那就不是经济学。但许多富有启发性的观点都未能实现这一主张，例如玻尔的互补原理，卡尔·波普尔的假设应可证伪的建议，以及陀思妥耶夫斯基对内疚的理解。

许多（并非所有）自然科学家都对社会科学持贬低态度，这在很大程度上源于社会科学的客观指标之间缺乏可用等式描述的规则关系。这些科学家很少承认只有一小部分现象能够满足这一需求。在大多数情况下，研究人员必须忽略相关现象中的许多特征。例如牛顿关于地球和太阳之间引力的方程忽略了附近行星对地球运行轨道的影响。

2020年世界面临的新问题导致了社会科学重要性的降低。这些威胁包括气候变化，海平面上升，陆地、海洋和空气污染，对新能源的需求，核战争的威胁，人口老龄化以及收入和教育不平等加剧。这些现象中的每一个都可以用数字来量化，在某些情况下，还可以用方程来量化。这些问题影响着数亿人，需要来自多个领域的科学家和工程师的努力。相比之下，大多数心理学家研究的是个体的问题，如精神障碍、犯罪和学业失败，这些问题影响的人要少得多，更难用等式表示。

国家价值观

德国的例子，说明了社区的独特属性对其公民的思想和行为的影响。宗教改革开始于德国北部（而不是法国或德国南部）的一个原因是，到15世纪末，该地区的城市变得更大，其居民对农村地区支持天主教主教拥有土地的贵族权力感到不满。此外，每个城邦都由一位王子统治，他们希望摆脱天主教会施加的限制。马丁·路德的思想吸引了大部分不喜欢教会通过赎罪券剥削德国人的人。路德的思想很有吸引力，因为它赋予个人信仰更大的力量，使商人和王子更容易追求他们的利益。

普鲁士从16世纪到20世纪对德国的统治，得益于一系列欧洲特有的特征。这些特征包括对国家的绝对服从，由拥有大量财产的贵族管理的专业军队，对战争的颂扬，高效的机构，以及新教的虔诚价值观。此外，在18世纪和19世纪，德国位于其强大邻国法国和俄国之间，这使其公民能够接受将其国家与竞争对手区分开来的想法。其中的两个新概念是，灵魂（即精神）的重要性，以及德国科学家比法国或俄国研究人员更愿意探索更复杂的现象。是德国科学家发现了早期的胚胎诱导，建立了第一个心理学实验室，取得了量子力学的第一个开创性的发现。

保罗·福曼认为，德国人在一战失败后体会到的羞耻感，促使大量公民谴责他们的物理学家，因为他们是在国际上享有盛誉的精英。物理学家们渴望重新赢得公众的尊重，他们意识到新浪漫主义对公众的吸引力，这种新浪漫主义拒绝了打败德国的国家所倡导的决定论和严格的理性主义。当证据表明事件之间存在严格因果关系的前提有缺陷，而沃纳·海森伯的代数矩阵暗示了不可能同时知道粒子的位置和动量时，来自不同国家的科学家才承认了德国物理学家对量子力学的贡献。

苦难的升级

在过去半个世纪里，随着美国和欧洲社会条件的变化，产生了大量关于虐待、残疾、贫困或偏见的受害者的书籍。2019年，《纽约时报》评论员提名的50本最佳回忆录，大多数是由那些多年来经历过一种或多种不幸的人撰写的，或者是关于他们的。2000年至2019年的畅销回忆录之一是《一个被称作"它"的孩子》，大卫·佩尔泽在其中描述了他小时候遭受的严重虐待。

在1960年之前，这一主题的书籍出现的频率要低得多，当时流行的回忆录或传记主角都是受人敬仰的成年人，而不是虐待或身体残疾的受害者，例如安德鲁·卡耐基、玛格丽特·米德和弗兰克·劳埃德·赖特。

在20世纪30年代大萧条期间受苦的大多数美国人，都为自己的国家承担了一些责任，并没有将他们所有的财务负担归咎于某一个坏人。而一些不快乐的当代美国人则倾向于指责一个人、团体、机构或他们的政府，因为给他们的福利并没有高于整个社会的福利。2020年夏天，许多获得全额奖学金进入名牌大学的贫困青年因该校限制在校学生人数以控制新冠疫情而感到愤怒。这种愤怒忽视了该大学实施这一限制的充分理由。

如何解释人们对那些遭受不幸的人越来越感兴趣和尊重？我认为原因是美国在1969年反对越南战争、种族主义和性别歧视之后的几年里，主要出现的3种情况：许多来自充满爱心的富裕家庭的年轻人对他们不劳而获的特权感到内疚，许多精英背叛了他们对公众的义务，妇女和少数民族不再愿意接受他们地位下降带来的不公平。

富裕国家的许多当代年轻人失去了对传统道德理想的信心，且传统道德理想缺乏有吸引力的替代理念，这加剧了他们的忧郁情绪。美国诗人乔丽·格雷厄姆在她的诗《裹尸布》中捕捉到了这种情绪。"我想念工具栏。我想念菜单。我想念那个人可以按下删除键的地方。"（Graham, 2017, p.11）年轻人被信息轰炸，这些信息缺乏连贯的意义，也缺乏对善良、诚实和牺牲的道德要求。

许多年轻人不愿意对他们发明的道德规范表达忠诚。他们对华莱士·史蒂文斯的建议不屑一顾。"最终的信念是相信一部小说，你知道它是虚构的……这里最精妙的真理是尽管你知道它是虚构的，却自愿相信它。"（Stevens, 1955, pp. 391–392）

当代许多人正在寻找一个具有道德权威的榜样，引导他们遵循一套道德规范，但他们找不到。在美国东北的一列火车上，人类学家兼作家洛伦·艾斯利注意到一位老人正垂头坐在他的座位上。当列车员过来取票时，老人拿出一大沓钞票递给列车员，希望列车员能帮他选择目的地。列车员选择了费城。

人们处于以下条件时通常是快乐的：正在追求一个他们认为值得称赞的目标，肩负着他们认为必须承担的责任，被允许持有虚幻的信念。许多富裕家庭的年轻人对此漠不关心，因为他们被剥夺了这三种活力的源泉。20世纪90年代出生的大学生告诉作家托尼·朱特，这对他那一代人来说很容易，因为他们有理想，有信仰（Judt, 2010）。

目前，年轻人这种漠不关心的心理状态在瑞典、奥地利和美国等富裕国家比在墨西哥、厄瓜多尔和西班牙等较贫穷国家更为普遍，因为后者社会中的年轻人更多地相信一些道德信念，承担更多的责任。奥地利的自杀率是墨西哥的三倍。

《纽约时报》2019年2月21日的一篇文章描述了许多在金融公司工作的人的不满，他们抱怨工作毫无意义，这意味着他们的工作无法达到他们对道德高尚行为的要求。相比之下，在医院清洁地板、收入远低于投资经理的非医务人员报告这些忧郁情绪的可能性较小（Duhigg, 2019）。

1958年的一天，当访谈一位费尔斯研究所项目样本中的成年人时，我感到惊讶。那天早上我才得知下午我要去访谈的那个年轻人的父亲在前一天去世了，我没想到这位儿子会遵守约定。当他到达访谈现场时，我告诉他，他没有义务来。他回答说，父亲教导他要遵守约定，这是合乎道德的行为。

我猜测，在当今20岁的年轻人中，能达到这个年轻人对道德信仰守诺程度是非常罕见的。造成这种状况的一个原因是父母行为的改变。二战前出生的孩子的父母教会孩子如何应对恐惧、焦虑、悲伤和痛苦等不可避免的刺激。而许多当代中产阶层父母试图阻止这些刺激的发生（Stearns & Haggerty, 1991）。新的生活规则剥夺了年轻人的一些机会，年轻人本来应该有机会去学会接受现实的生活中也有不快乐，并获得应对这些不快乐的技能。

社会阶层创造环境

孩子将遇到的环境类型与孩子在生命最初十几年的家庭社会阶层有关。正如我在第一章中指出的那样，这就是为什么孩子教养者所在的阶层是孩子将来的职业、受教育年限、疾病、健康状况、寿命、能动性、情绪、改善生活的机会、获得权力的机会和自我意识的最佳预测因素。与过去一样，与阶层相关的经验现在仍是上述属性的有力预测因素。

学业成绩通常与班级有关。二战期间，波兰华沙的大部分地区被炸弹摧毁。由于重建后的城市在战后被苏联占领，父母受教育年限的不同成为一个家庭所处阶层的一个敏感指标。不同受教育年限的父母住在同一个单元里，因此他们的孩子在同一个院子里玩耍，上同一所学校。尽管如此，与父母没有上过大学的孩子相比，父母受过大学教育的孩子取得了更好的学业成绩。每个孩子在家庭中的经历是孩子在不同程度上追求完善认知技能和是否寻求高分的主要基础（Firkowska et al., 1978）。

在费尔斯研究所项目的样本中，那些最关心知识性技能掌握程度的年轻人，来自受教育程度最高的家庭。在我们的认知测试中，得分最高的圣马科斯儿童生长在这个极度贫困、与世隔绝的村庄中少数地位较高的家庭中，尽管在这个村庄里没有成年人接受过两年以上的教育。

20世纪60年代，美国国立卫生研究院资助了一项多研究地点的脑瘫病因纵向研究，该研究招募了数千名孕妇及她们的新生儿，这些婴儿在生物完整性方面存在差异。母亲的教育水平在预测其婴儿4岁和7岁时的智商方面，比综合了母亲和其婴儿近100个生物学指标的结果效果更好（Broman et al., 1975）。我是被用产钳接生的，产钳损伤了我的左角膜，导致我头骨中的毛细血管大出血。产科医生告诉我父亲，我可能无法存活。我父母对我在认知能力方面的不断鼓励弥补了我所遭受的这一特殊创伤。

40多年前，我的两个学生测量了一群人的阅读技能和智商，参与者是10岁的白人孩子，他们都是家中的第一个孩子。在

4~27个月的时间里，研究人员收集了4次儿童对人脸和形状变化的持续注意力变化数据。父母受教育情况，而不是这些儿童早期的注意力模式，预测了男孩和女孩的阅读成绩和智商（Kagan et al., 1978）。毫不奇怪，那些父母拥有大学学历的5岁孩子更愿意等待更长的时间以获得更大的奖励，而不是立即获得较小的奖励（Watts et al., 2018）。

与中产阶层相比，许多贫困儿童的智商更多地由经验而不是基因决定。根据家庭成员之间智商的相似程度，贫困家庭儿童智商的遗传率接近于零（Turkheimer et al., 2003）。

婴儿的特质和他们后来的特征之间的相关性，经常被误解为意味着婴儿的内在特征得到了保留。然而，在许多情况下，这种保留是他们被在家庭中养育的结果，一个家庭的养育与其所处阶层相关。例如，同一个孩子在7个月时的咿呀学语与10岁时的词汇量之间的相关性，可以反映母亲是否鼓励咿呀学语和增加词汇量的行为。在一个轨道中改变方向的玻璃球，之所以能保持这种运动，是因为环境，而不是因为其天生具有改变运动方向的倾向。

在对焦虑障碍、抑郁症、学习障碍、精神分裂症、双相情感障碍、注意力缺陷多动障碍、犯罪、药物滥用的预测中，养育方式的差异比任何已知的基因的预测效力都要大得多。因此，虽然一些婴儿出生时气质倾向相同，但由于在收入和受教育水平不同的家庭长大，这些婴儿会形成独特的特质和大脑特征（Farah, 2018）。一个社会的收入和教育不平等程度越大，犯罪、疾病和内乱发生率就越高。从 1930 年到 1970 年，尤其是二战后，美国和欧洲的收入不平等现象有所下降，但 1970 年之后又上升，这意味着不平等程度会随着时间的推移而变化。

那些来自受过教育的富裕家庭并且生活在两性平等程度很高的富裕国家的女性，不太可能选择 STEM 职业，因为她们可以选择学习生物学或社会科学这些更令人满意的学科。相比之下，生活在较贫穷国家的弱势家庭的女性，更有可能选择 STEM 职业，因为这些工作的薪水高于学习生物学或社会科学后找到的工作。

一千年前，大多数社会中 90% 的成员都是穷人，对自己地位受损感到羞耻或内疚的情况并不常见。这种情绪在 2020 年更为普遍，因为越来越少的工业化国家的贫困成年人被教育要敬佩那些童年时贫穷，但因其成就而受人尊敬的人。美国的孩子们想起了亚伯拉罕·林肯、亨利·福特和托马斯·爱迪生，他们努力取得了卓越的成就。对这些英雄的了解容易使许多处境不利的成年人长期自责，从而引发抑郁情绪。

尽管童年生活在贫困家庭，但仍有一小部分成年人名扬四海，他们对自己享有财富和令人敬佩的权利感到怀疑。作家弗兰克·克默德在一个非常贫困的家庭长大，他一直被一种想法困扰着，即他不配成为曼彻斯特大学一位受人尊敬的教授（Kermodel, 1995）。以色列作家阿摩司·奥兹描述了总是感觉自己像一个局外人，生活"不断地消化你所有的感觉，像铁锈一样腐蚀你做人的尊严"的不幸后果（Oz, 2003）。另一方面，才华横溢的局外人更有可能产生革命性的想法，因为他们能更自由地与大多数人持不同意见。

哈佛大学校长、著名有机化学家、美国前总统顾问詹姆斯·科南特于20世纪初在波士顿长大。当时，一小群精英"婆罗门"①管理这座城市，这使其他居民感到不适。科南特那时有着极大的抱负，这在一定程度上是由于他希望获得当时"婆罗门"所具有的地位（Conant, 2017）。他确实获得了超越"婆罗门"的权力和尊重。

统计的把戏

大多数心理学家都知道阶层对认知技能、人格特征和精神障碍症状的影响。因此，他们在研究中通常通过统计数据方面的调整来消除阶层所产生的差异，但不考虑这种做法给研究带来的问题。不幸的是，在统计中使用协方差来消除阶层对相关方面的影响可能会产生有害的后果。我这样说有几个原因。

首先，最常用的统计数据要求自变量和因变量之间的关系，在被控制变量的所有水平上都是相等的，并且所有测量的影响都

---

① 19世纪初，波士顿一些声望很高的家族通过参与鸦片贸易，从中获得巨额财富。后来，这些家族组成了资本雄厚的商业集团，自殖民地时代起就世袭权贵、显赫声望、互相通婚、门第观念极重，形成了一张基于血缘、姻亲、商业、宗教等关系的大网，深刻地影响了美国历史。1860年，在《大西洋月刊》的一篇文章里，这个世袭权贵群体中的一位成员创造了"波士顿婆罗门"一词，用来形容这个近乎封闭的群体。作者这里所说的"婆罗门"就是指这一群体。——编者注

是可以相加的（Gelman & Hill, 2007）。但是，数据并不总是满足这些要求。黑人和西班牙裔美国人更可能是穷人，与报告并表现出类似症状的白人相比，他们更容易被诊断为精神分裂症。社会阶层对许多因变量（例如促炎状态）的影响高于统计分析能考察的水平，因为统计分析排除了阶层对自变量和因变量之间关系的影响。

一对研究人员剔除了对结果有重要影响的变量。他们剔除了收入、年龄、种族、受教育程度和就业状况对生活满意度判断的影响。结果表明，居住在路易斯安那州的成年人是最幸福的美国人（Oswald & Wu, 2010）。这一结论与几乎没有美国人愿意搬到路易斯安那州的事实不一致，2010年的一项民意调查表明，路易斯安那州居民是最不幸福的美国人群之一。

许多受尊敬的统计学家批评了控制一个或多个变量，以证明单个自变量对独立的因变量有重大影响的做法（Rohrer, 2018; Torrey & Yolken, 2018）。唐纳德·鲁宾是这一群体中最著名的人之一，他在信中写道："很少有社会科学家……了解回归背后的几何学，许多人在解释他们的结果时没有清楚地理解该方法对他们的数据做了什么。"海伦娜·克雷默在私人交流时更为严厉："移除（控制）某些变量简直疯狂，而且比没有这样做所获得的结论更可能是错误的。"当样本量较小时，通过协方差处理，最容易产生错误结论。

所有统计学家都尊敬的约翰·图基敦促研究者：在进行任何统计分析之前，都要仔细检查自己的数据，以确保数据分布接近正态、大致呈线性，并且没有极端异常值。很多调查人员并没有听从图基的建议，而神经科学家尼科斯·洛戈塞蒂斯肯定了图基："没有什么比原始数据更丰富了……统计分析都发生在这决定性的第一步之后。"（Logothetis, 2020）阿尔弗雷德·诺思·怀特海不相信许多仅基于数学分析结果的预测。在1925年洛厄尔研究所的一次演讲中，他说："没有比这个设想更常见的错误了，这个设想就是认为因为自己已经进行了高级和准确的计算，所以计算结果应用于某些未来情境是绝对正确的。"（Whitehead, 1953）

考虑语言的特性——易扭曲性

语言的易扭曲特性构成了第三个新的信念。动物会表征它们遇到的事物和事件的物理特征。虽然表征的形式在不同的类别中有所不同，但使用图式来指代大脑对从感官输入的物体、声音、气味、触觉和本体感觉线索的表征是很方便的。人类，也许还有一些动物，使用图式在脑海中创造形象。早期人类依靠具体事件的图像来传达与距离和持续时间相关的信息。

人类是唯一一个以语义术语的形式添加第二种具有独特性质的表征方式的物种，这些术语不包含或很少包含对所命名事件的物理特征的线索。语义涵盖的领域十分广泛，本节仅限于与心理学相关结果的观察。其中一个问题是将一个类别术语（如母亲）的语义网络，与某位特定母亲的个体特征混淆。另一个问题是一个词的物理特征的影响。我先讨论前者。

类别术语和特指个体

大多数语言中的语义概念是指具有不同特征的对象的类别，以简化类别的学习和记忆，尽管追求简洁会降低词汇所具有的信息性。举个例子，类别术语"病毒"是指包含单链或双链 DNA 或 RNA 的实体集合。单链 RNA 病毒对人类而言更危险，因为它们更容易变异。例如，新冠病毒感染是由单链 RNA 病毒引起的。

一个词可以指一个特定的人（某个孩子的母亲）、一个类别（所有母亲）或一个概念外延更广的上位词（人类）。我猜测，关于一个特定的人的问题可能启动该类别所属的特征网络。一年级和二年级的孩子看着 66 组物体或人的图片（没有使用真人），图片分别描绘了反义词"强——弱""大——小""危险——安全"，他们在不同的情境下被要求挑选一张让他们想起母亲或父亲的图片。女孩和男孩都认为象征力量、巨大和危险的图片与他们的父亲更相符，而那些与之相对的图片则更符合他们的母亲形象。然而，其中一些孩子的母亲实际上比他们的父亲更强壮、更高或更严厉（Kagan et al., 1961）。这一观察结果表明，"母亲"和"父亲"这两个类别术语所代表的特征影响了儿童对其父母的判断。

这种现象给那些只依赖问卷调查来评估一个人的特质的研究人员带来了问题。虽然研究人员在进行调查时询问了信息提供者的特征，但参与者可能会将该特征视为一个类别术语。例如，"你喜欢参加聚会吗？"这一问题可能会受到信息提供者对于"聚会"的语义网络的影响，而不仅仅是她过去参加聚会的经历。

意象和词语

访谈问题引发的参与者意象会影响回答。两位家长可能都会认同他们的孩子害怕狗，即使一位家长激活的是孩子看到狗时哭泣和逃跑的意象，另一位家长则激活了自己对孩子在抚摸动物前犹豫几秒钟的意象。虽然前一个孩子对狗有更强的恐惧感，但研究人员得出结论，这两个孩子同样害怕狗。句子的主动或被动语态也会让人产生不同的图式和意象，尽管句子的语义相同。"卡车撞了孩子"这句话很可能会让人联想到卡车的形象，而"孩子被卡车撞了"这句话很容易让人联想到一个孩子摔倒在地的画面。不同的意象赋予句子不同的语义。学者们喜欢用"晨星"和"晚星"来说明这一点：形容词"晨"和"晚"唤起了不同的意象，尽管这两个词所命名的是同一颗行星：金星。[①]

许多学者警告读者，人们误认为使用一个流行词命名一个可观察到的事件，就会在说话者、听者或读者中唤起类似的意象，这种误解是危险的。弗吉尼亚·伍尔夫在 1937 年的一次广播演讲中说："文字……是所有事物中最狂野、最自由、最不负责任的……文字痛恨给它们打上意义印记的一切……因为文字的本性就是要改变。"诗人艾德丽安·里奇在一首诗中捕捉到了意象和词汇之间的区别（Rich, 1973），这首诗描述了诗人潜入大海

---

① 金星在中国也有类似的叫法：早上出现于东方时叫启明星、晓星、明星，傍晚出现于西方时叫长庚星、黄昏星。——编者注

看沉船的情景。

> 我寻找的东西,
> 是沉船,而不是沉船的故事,
> 是事物本身,而不是神话。

当美国前总统托马斯·杰斐逊在《独立宣言》中写下"人人生而平等"时,依赖书面文本的历史学家无法了解与"人与自由"相关的术语和意象网络。观看电影《绿野仙踪》的当代成年人几乎都不知道,100多年前写这本书的弗兰克·鲍姆在创作《稻草人》时,考虑到了美国农民权利和尊严的丧失,而在创作《胆小的狮子》时,美国男性的自主权受到了限制(Kimmel,2012)。赫尔曼·麦尔维尔1850年开始写《白鲸》时,可能正在思考美国奴隶制引发的内乱,这一点也没有多少人了解。著名学者安德鲁·德尔班科提出,麦尔维尔可能想到了南卡罗来纳州的反废奴主义参议员约翰·卡尔霍恩,所以创作了亚哈船长这个角色,他所驾驶的捕鲸船裴廓德号是国家的象征,白鲸则是废奴运动的象征(Delbanco, 2005)。

类别术语"暴力"在社会科学家中很流行,虽然杀人者、受害者和杀人动机尚未明确。与11世纪杀害穆斯林的十字军有关的文字和意象网络,不同于19世纪杀害原住民的美国人、20世纪向犹太人施放毒气的纳粹卫兵,以及21世纪枪杀逃跑黑人的警察的文字和意象网络。

安东尼·弗卢是一位英国哲学家，多年来一直是一位无神论者。但他在无法生成意象来表征他所认识的自然界的一系列偶然事件时，开始相信神（Flew, 2007）。一些宣称可观察世界是偶然事件的结果的语义陈述并不够有说服力。我认为，任何一个思考过许多偶然事件的人都会遇到同样的困难，因为发生这些偶然事件与听到用指尖敲击木桌产生声音类似。我接受达尔文学说是基于相信。

大多数年轻人发现数学很难掌握，因为他们已经学会了用原型来表示偶然事件之间的关系，这些原型表征通常包括意象。数学包含许多现实中无法实现的概念，例如虚数、无穷大，以及表示不同形式之间相等关系的方程。例如，4 是 16 的平方根，16 的平方根之一等于 1+1+1+1，但是 4 和 1+1+1+1 并不相同。迈克尔·波斯纳多年前报道称，成年人需要更长的时间（80 毫秒）来检验 Aa 和 AA 是否由同一个字母组成。这一观察结果反映了这样一个事实，即大脑首先对事件的物理特征做出反应，然后才对其意义做出反应。人类对可观察和不可观察的事件都可以创建图式和意象，但人们更容易相信后者的存在。

埃尔温·薛定谔和沃纳·海森伯发明了不同的方程，来解释氢原子光谱中的相同量子现象。保罗·狄拉克发现了使薛定谔方程和海森伯方程在数学上相等的方程。然而，不同的方程引发了不同的图式和语义网络——"薛定谔的波"和海森伯矩阵中的数——因此具有不同的语义。

语言在思维中的主导地位，对心理学家来说尤其重要，因为许多研究人员正在思考他们下一次的实证尝试要激活的是文字，而不是令人困惑的现象的意象。他们想知道哪些研究过程可能会显示出爱、恐惧、冲动或情绪调节的迹象，而不是父母与孩子相处的时间变化的原因，成年人不愿意捡起死蟑螂的原因，考试中没有思考出一个困难的多项选择题最佳答案的原因，或者青少年在排队进入剧院时不小心撞到推了他的陌生人的原因。后一种事件被编码为图式，更可能引起更大的大脑反应（Pulvermuller, 2014）。

点状事件和渐进事件

词汇的物理特征所产生的后果是第二个与心理学相关的问题。大多数人会对能在短时间内达到峰值强度的事件（称为"点状事件"）产生联想，例如警报声和有关男性的语义术语之间。另一种相反的联想是那些强度缓慢上升到峰值强度的事件（称为"渐进事件"），例如婴儿咿呀学语与女性化的特征之间（Chestnut & Markman, 2016）。点状和渐进事件伴随着不同的大脑特征（Kodera et al., 1977）。许多危险事件，如爆炸、枪击和警报，都是点状事件；相比之下，爱抚、摇篮曲、微笑和品尝甜味都是渐进事件。

先天性失明的成年人与视力正常的儿童和成年人，在匹配单词"白色"与高音、"黑色"与低音方面没有什么不同（Saysani, 2019）。这种匹配可能是一个涉及大小、颜色和性别的网络所产生的结果。大多数白色物体比具有相似特征的深色物体体积小，女性在体形上比男性小。小物体落在地面上时发出的声音音调更高，女声的音调高于男声。白色物体通常比黑色物体看起来更干净，而整洁是大家对女性的一个刻板印象，这一事实可能有助于解释"白色"和"女性"这两个词之间的联系。此外，在所有的文化中，女性体内产生黑色素的色素细胞较少，这使她们能够吸收更多的维生素 D，这在怀孕时是一个优势。因此，女性的肤色比男性浅。所以，较小的尺寸、较高的音调和较浅的颜色与词语女孩、女人和女性联系在一起，而与其相反的三个表述与词语男孩、男人和男性联系在一起。

描述大脑状态的词汇

大脑状态名称与心理结果之间的关系，引发了一个棘手的问题。我们应该如何概念化大脑中先前连续阶段产生的心理事件？许多神经科学家希望大脑的模式最终能解释和预测所有心理结果，但这种想法忽视了美国心理生物学家、诺贝尔生理学或医学奖获得者罗杰·斯佩里的观点，即起源于一个大脑特征并从中产生的图式或语义网络可以反过来产生一种不同的大脑状态，如果心理现象没有发生，这种状态是不会发生的（Sperry, 1972）。

许多神经科学家使用的术语的定义要求将有意识的人作为句子的主语名词，而这些有意识的人的神经元集合则成了代理名词。动词"计算"就是一个例子，目前这个动词的定义没有允许它与作为名词的神经元放在一起使用。课堂术语"记住"这个词能举出许多例子，每个例子都与图式、语义网络、运动模块和大脑特征的不同模式相联系。

请想象一项假设研究，数千名美国人回忆起他们第一次得知世贸中心在"9·11"事件中遭到袭击时所处的位置。这些成年人在试图检索自己当时所在的位置时大脑会产生不同的图像，因此激活的大脑模式不同（Gieri et al., 2020）。所有参与者都激活的模式——可能涉及顶叶、海马旁回位置区和海马的激活——只是每个成员大脑模式的一部分。共享特征不能作为样本中每个成员检索"9·11"事件发生时自己所在位置的根据。

这一说法得到了有关血流量模式的研究证据的支持，该研究中一些成年参与者在想象自己正在打七个结中的某一个，打结方法是他们之前已经掌握的。在想象相同的打结过程时，每个人都展示了不同的血流量模式，在想象七个结的过程中，没有任何一个参与者血流量模式有共同的特征。这意味着所有参与者的平均血流量模式并不能反映大多数参与者的大脑状态（Mason & Just, 2020）。不检查个体模式的研究人员，有可能对产生心理结果的大脑基础得出错误的结论。

此外，一个人会自动激活任何可能导致物体表面不平整的原因的知识（Phillips & Fleming, 2020）。正如一条平铺在床上的毯子表面的凸起，会引发不同人关于其原因的不同假设。不能区分关于桃子的画和照片的成年人，如果被告知其中一张是照片，另一张是画，他们会有不同的想法和大脑状态。

虽然了解产生或伴随心理状态或行为的大脑模式有助于理解和描述大脑状态，但目前对大脑状态的描述无法取代对心理状态的描述。人类会自动对许多事件的好坏进行判断。没有一组神经元以相同的方式对被一个人评价为好或坏的所有事件做出反应。因此，有理由认为，目前描述大脑状态和心理现象的词汇是不可比较的。诺贝尔物理学奖获得者埃尔温·薛定谔和沃纳·海森伯一致认为，心理现象不能简化为量子概念，也不能用量子概念来解释。

神经科学家还没有发明能充分描述一个人在特定时刻对某种刺激的反应的大脑状态的词汇（Logothetis, 2020）。这就是为什么他们借用心理学词汇来命名大脑模式。自然界可能是一个统一体，但导致一种可观察现象的因果关系中，每一个阶段都假设先前阶段缺少一种模式，并且通常需要一个不适用于前一个阶段的词对其进行描述。不同位置的不同神经元群在面对人脸、无花果和花朵的图片时以不同的频率振荡。

科学实证破解迷思

1957 年，我在设计费尔斯研究所的研究项目时，没有充分认识到以下几个因素的重要性：检验指标模式，数据收集的环境，以及使用语言对观察和推断造成的困境。幸运的是，我在规划和分析气质倾向数据时，承认了这些因素带来的问题。仅考虑儿童在 21 个月大时表现出的抑制型行为，并不能预测后期评估中的任何变量。但一个婴儿的低反应性与他很少有抑制型行为的结合，确实起到了预测作用。因为我理解"恐惧"这个词的模糊性，所以决定用"抑制"这个词来形容那些孩子在接触不熟悉的物体或人时的犹豫不决。

我敦促当代研究人员认识到需要量化多个自变量和因变量，并检查样本成员的不同测量模式，从而避免我早期的错误。研究人员不应该再假设个体某一个大脑测量指标和察觉屏幕上60%黑点的运动方向之间的关系，可以被推广到个体在与十几只其他动物的互动场景中对某只鹿的运动方向的辨别能力。确认环境的特征中始终包括所实施的特定研究流程同样重要。

我希望更多的心理学家不要再习惯于只试图确认一个先验假设，取而代之的应该是用更多的研究来探索一个令人困惑的现象。三个像谜题一样的例子是：在孩子1~2岁时出现道德感之前，大脑发生了什么变化？孩子3岁前在家里发生的哪些事情会导致他行为上的阶层差异？是什么基因导致了我所说的高反应性和低反应性？钱伯斯额外增加了三个应该被遵守的惯例：心理学家应该重复更多研究，共享数据，并停止依赖将引用次数作为评估某个想法或研究流程重要性的指标（Chambers, 2017）。

在写这本书的几个月里，人们对这三种追求之间的联系有了更好的理解。被我的一个或多个建议的有效性说服的读者，如果能够在下一次研究的设计和分析中表达他们的新信念，我会感到更加满意。

译者后记

杰罗姆·凯根教授是20世纪的发展心理学泰斗之一。十年前我翻译其著作时，便惊叹于这位思想家的深邃洞见。惊闻先生以92岁高龄离世，此时，恰逢中信出版集团邀我翻译其学术绝笔，虽知使命艰巨，仍欣然执笔，愿为中文世界呈现这位学术巨擘的绝响。

在北京大学本科学习期间，我幸得恩师苏彦捷教授（现任中国心理学会理事长）指引，在箬政基金支持下开展儿童发展研究项目，自此踏入发展心理学之门；后来，我到美国伊利诺伊大学攻读博士，师从美国国家科学院院士勒妮·巴亚尔容（Renée Baillargeon）教授，愈发体悟到这门学科对人类文明的重要意义。凯根教授作为发展心理学的重要奠基人，以其特有的智性真诚，不仅勾勒出学科发展的知识图谱，更以自传式叙事揭示了其学术生命的成长轨迹。

书中那些饱含智慧与温度的生命叙事，既是对学科发展脉络的梳理，更展现了学者在求真之路上的精神跋涉。这部集大成之作既是凯根教授对毕生研究的凝练总结，更是面向未来的思想路标。书中那些穿越时空的学术对话，那些在个人成长、人际互动、机构运作、社会政治与智识维度间交织的深层思考，终将汇成启迪后学的精神遗产。

当今社会，"养育焦虑"正成为普遍的时代症候。年轻父母既担忧子女的先天禀赋，又恐教养失当贻误子女终生。凯根教授在书中以科学实证破解迷思：通过追踪高反应性婴儿（表现为心率加速、肌肉紧绷等强烈生理反应）与低反应性婴儿的长期发展，揭示出抑制型（内向谨慎）与非抑制型（外向大胆）气质的生物学基础。脑电图与皮质醇研究证实，抑制型儿童的右侧前额叶皮质活动更活跃，杏仁核反应更敏感。但凯根特别强调，这些禀赋绝非命运枷锁——支持性教养方式能帮助抑制型儿童逐步适应社会挑战，文化环境的调适力量往往超乎想象。

针对当代家长的"童年决定论"焦虑，书中旗帜鲜明地反对了宿命论的观点，提出"儿童发展的结果由无数可能性的碰撞堆叠而成"的革命性观点：基因划定可能性的疆域，环境则在此疆域内开辟具体路径。这种动态发展观既解放了被"原生家庭决定论"禁锢的父母，也赋予教育者理性乐观的底气——每个发展节点都孕育着新的可能。

作为中山大学青少年心理健康与心态发展重点实验室社会关怀与生态文明行为协同机制研究中心主任，我得到了广东省哲学社会科学规划常规项目（项目号：GD25CXL10）提供的重要学术支持。在字斟句酌的过程中，我们团队在青少年心理发展领域的研究感想，常与凯根教授的思想形成奇妙共鸣。比如针对害羞儿童的研究表明：创设包容谨慎特质的文化环境，提供多元价值选择，往往比强行改变性格特征更有利于其长远发展——这与凯根教授主张"在生物限度内寻找适应性发展"的理念不谋而合。

译事虽毕，掩卷长思。凯根教授留下的不仅是学术遗产，更是一种观察世界的范式：既要测量杏仁核的生物电信号，也要倾听文化基因的古老回声。这种在理性与感性间保持张力的智慧，或许正是发展心理学给予时代最珍贵的馈赠。

何子静
2025 年春于康乐园

参考文献

Antonakis, J. and Dalgas, O. (2009). Predicting elections. *Science*, 323, p. 1183.

Arcus, D. (1989). Vulnerability and eye color. Ed. Reznick, J. S. *Perspectives on Behavioral Inhibition* (University of Chicago Press), pp. 291–297.

Arcus, D. and Kagan, J. (1995). Temperament and craniofacial variations in the first two years. *Child Dev*., 66, pp. 1529–1540.

Arsenian, J. M. (1943). Young children in an insecure situation, *J. Abnorm. Soc. Psychol*., 38, pp. 35–249.

Backhouse, R. E. (2017). *Founder of Modern Economics: Paul A. Samuelson* (Oxford University Press).

Barry, H., Bacon, M. K. and Child, I. L. (1957). A cross-cultural survey of some sex differences in socialization. *J. Abnorm. Soc. Psychol*., 55, pp. 327–332.

Bartoshuk, L. (2014). The measurement of pleasure and pain. *Perspec. Psychol. Sci*., 9, pp. 9–93.

Benenson, J. F., Tennyson, R. and Wrangham, R. W. (2011). Male more than female infants imitate propulsive motion. *Cognition,* 121, pp. 262–267.

Beyer, J. (2016). *The Force of Custom* (University of Pittsburgh Press).

Birn, R. M., Shackman, A. J., Oler, J. A., Williams, L. E., McFarlin, D. R., Rogers, G.M., Shelton, S. E. and...Kalin, N. H. (2014). Evolutionarily conserved prefrontalamygdalar dysfunction in early-life anxiety. *Mol. Psychiatry*, 19, pp. 915–922.

Bloom, L. (1973). *One Word at a Time* (De Gruyter Mouton).

Bowlby, J. (1969). *Attachment and Loss* (Basic Books).

Boulding, K. A., Ferbinteanu, J., Fox, S. E. and Muller, R. U. (2020). Place cell firing cannot support navigation without intact septal circuits. *Hippocampus*, 30, pp. 175–191.

Bradley, M. M., Zlater, Z. Z. and Lang, P. J. (2018). Startle reflex modulation during threat of shock and "threat" of reward. *Psychophysiology*, 55, p. e12989.

Brainard, M. S. and Doupe, A. J. (2002). What songbirds teach us about learning. *Nature*, 417, pp. 351–358.

Bridgman, P. W. (1927). *The Logic of Modern Physics* (Macmillan).

Broman, S. H., Nichols, P. C. and Kennedy, S. W. (1975). *Preschool IQ* (Wiley).

Brown, J. S., Kalish, H. I. and Farber, I. E. (1951). Consolidated fear as revealed by magnitude of startled response to an auditory stimulus. *J. Exp. Psychol.*, 41, pp. 317–328.

Calkins, S. D., Fox, N. A. and Marshall, P. R. (1996). Behavioral and physiological antecedents of inhibited and uninhibited behavior. *Child Dev.*, 22, pp. 523–540.

Cardoso. C., Valkanas, H., Serravalle, L. and Ellenbogen, M. A. (2016). Oxytocin and social context moderate social support seeking in women during negative memory recall. *Psychoneuroendocrinology*, 70, pp. 63–69.

Cesario, J., Johnson, D. L. and Eisthen, M. L. (2020). Your brain is not an onion with a reptile inside. *Curr. Dir. Psychol. Sci.*, 29, pp. 255–260.

Chambers, C. (2017). *The Seven Deadly Sins of Psychology* (Princeton University Press).

Chernow, R. (2010). *Washington* (Penguin Press).

Chestnut, E. K. and Markman, E. M. (2016). Are horses like zebras or vice versa? *Child Dev.*, 87, pp. 568–582.

Chronis-Tuscano, A., Degnan, D. A., Pine, D. S., Perez-Edgar, K., Henderson, H. A., Diaz, Y., Raggi, V. L. and Fox, N. A. (2009). Stable behavioral inhibition during infancy and early childhood predicts the development of anxiety disorders in adolescence. *J. Am. Acad.Child Adolesc. Psychiatry*, 48, pp. 1–8.

Chrousos, G. P. and Gold, P. W. (1999). Commentary: The inhibited child syndrome. Eds. Schmidt, L. A. and Schulkin, J. *Extreme Fear, Shyness, and Social Phobia* (Oxford University Press), pp. 193–203.

Clausen, J., Keck, D. D. and Hiesey, W. M. (1958). *Experimental Studies on the Nature of Species III: Environmental Responses of Climatic Races of Achillea* (Carnegie Institution of Washington).

Coll, C. G., Kagan, J. and Reznick, J. S. (1984). Behavioral inhibition in young children. *Child Dev.*, 55, pp. 1005–1019.

Coplan, R. J., Coleman, B. and Rubin, K. H. (1998). Shyness and little boy blue. *Dev. Psychobiol.*, 32, pp. 37–44.

Courage, M. L., Reynolds, G. D. and Richards, J. E. (2006). Infants' attention to patterned stimuli. *Child Dev.*, 77, pp. 680–695.

Cimpian, J. R., Kim, T. K. and Mc Dermott, Z. T. (2020). Understanding persistent gender gaps in STEM. *Science*, 368, pp. 1317–1319.

Conant, J. (2017). *Man of the Hour* (Simon & Schuster).

Crouch, D. J. M. and Bodmer, W. F. (2020). Polygenic inheritance, GWAS, polygenic risk scores, and the search for functional variants. *Proc. Natl. Acad. Sci.*, 117, pp. 18924–18933.

Davidson, R. J. and Fox, N. A. (1982). Asymmetric brain activity discriminates between positive and negative affective stimuli in human infants. *Science*, 218, pp. 1235–1237.

Davidson, R. J. and Rickman, M. (1999). Behavioral inhibition and the emotional circuitry of the brain. Eds. Schmidt, L. A. and Schulkin, J. *Extreme Fear, Shyness, and Social Phobia* (Oxford University Press), pp. 67–87.

Delbanco, A. (2005). *Melville* (Knopf).

DeLoache, J. S., Simcock, G. and Macari, S. (2007). Planes, trains, automobiles and tea sets. *Dev. Psychol.*, 43, pp. 1579–1586.

Diamond, A. (1990). Developmental and neural basis of memory functions as indexed by the A`B and delayed response tasks in human infants and infant monkeys. *Ann. N. Y. Acad. Sci.*, 608, pp. 267–309.

Ducrest, A. L., Keller, L. and Roulin, A. (2008). Pleiotropy in the melanocortin system, coloration, and behavioral syndromes. *Trends Ecol. Evol.*, 23, pp. 502–510.

Duhigg, C. (2019). Wealthy, successful, and miserable. *New York Times.* February 21, 2019.

Emde, R. N. and Hewitt, J. K. *Infancy to Early Childhood* (Oxford University Press).

Erikson, E. H. (1963) *Childhood and Society* (W. W. Norton).

Fantz, R. L. (1964). Visual experience in infants. *Science*, 146, pp. 668–670.

Farah, M. J. (2018). Socioeconomic status and the brain. *Nat. Rev. Neurosci.*, 19, pp. 428–433.

Fox, N., Kagan, J. and Weiskopf, S. (1979). The growth of memory during infancy. *Genet. Psychol. Monogr.*, 99, pp. 91–130.

Finley, G. E., Kagan, J. and Layne, O. (1972). Development of young children's attention to normal and distorted stimuli. *Dev. Psychol.*, 6, pp. 288–292.

Firkowska, A., Ostrowska, A., Sokolowska, M., Stein, Z. and Susser, M. (1978). Cognitive development and social policy. *Science*, 200, pp. 1357–1362.

Flew, A. (2007). *There is a God* (Harper One).

Forman, P. (2001). Weimar culture, causality, and quantum theory. Eds. Galison, P., Gordin, M. and Kaiser, D. *Science and Society* (Routledge), pp. 191–226.

Fox, N. A., Henderson, H. A., Marshall, P. J., Nichols, K. E. and Ghera, M. N. (2005). Behavioral inhibition. Eds. Fiske, S., Kazdin, A. and Schacter, D. *Ann. Rev. Psychol.*, 56, pp.235–262.

Fox, A. S., Oler, J. A., Shackman, A. J., Shelton, S. E., Raveendran, M., McKay, D. R., Converse. A. K. and...Kalin, N. H. (2015). Intergenerational neural mediators of early-life anxious temperament. *Proc. Natl. Acad. Sci.*, 112, pp. 9118–9122.

Fox, N. A., Snidman, N., Haas, S. A., Degnan, K. A. and Kagan, J. (2015). The relations between infant reactivity at 4 months and behavioral inhibition in the second year. *Infancy*, 20, pp. 98–114.

Fox, A. S., Oler, J. A., Shelton, S. E., Nanda, S. A., Davidson, R. J., Roseboom, P. H.

and Kalin, N. H. (2012). Central amygdala nucleus (Ce) gene expression linked to increased trait-like Ce metabolism and anxious temperament in young primates. *Proc. Natl. Acad. Sci.*, 109, pp. 18108–18113.

Fritz, J., Vo Phan, T., Wright, K. P. and Vetter, C. (2020). A chronobiological evaluation of the acute effects of daylight savings time on traffic accident results. *Curr. Biol.*, 30, pp. 729–735.

Gagne, J. R., Van Hulle, C. A., Aksan, N., Essex, M. J. and Goldsmith, H. H. (2011). Deriving childhood temperament measures from emotion-eliciting behavioral episodes. *Psychol. Assess.*, 23, pp. 337–353.

Gelman, A. and Hill, J. (2007). *Data Analysis Using Regression and Itilevel/Hierarchical Models* (Cambridge University Press).

Gieri, G., Leonardelli, E., Tao, Y., Machado, M. and Fairhall, L. (2020). Spatiotemporal properties of the neural representation of conceptual content for words and pictures — aMEG study. *NeuroImage*, 219, p. 116913.

Graham, J. (2017). *Fast* (Harper Collins).

Gregory, S. W. and Webster, S. (1996). A nonverbal signal in voices of interview partners effectively predicts communication accommodation and social status perceptions. *J. Pers. Soc. Psychol.*, 70, pp. 1230–1240.

Haith, M. M. (1980). *Rules That Babies Look By* (Lawrence Erlbaum).

Hahn, T., Winter, N. R., Anderl, C., Notebaert, K., Wuttke, A. M., Clement, C. C. and Windman, S. (2017). Facial width-to height ratio differs by social rank across organizations, countries, and value systems. *PLoS ONE*, 12, e0187957.

Hassett, J. M., Siebert, E. R. and Wallen, K. (2008). Sex differences in rhesus monkey toy preferences parallel those of children. *Horm. Behav.*, 59, pp. 359–364.

Hebb, D. O. (1946). On the nature of fear. *Psychol. Rev.*, 53, pp. 259–276.

Horn, J. M., Plomin, R. and Rosenman, R. (1976). Heritability of personality traits in adult male twins. *Behav. Genet.*, 6, pp. 17–30.

Iwanami, A., Isono, H., Okajima, Y. and Kamajima, K. (1997). Auditory event-related potentials in panic disorder. *Eur. Arch. Psychiatry Clin. Neurosci.*, 247, pp. 107–111.

Judah, M. R., Shurkova, E. Y., Hager, N. M., White, E. J., Taylor, D. L. and Grant,

D. M. (2018). The relationship between social anxiety and heartbeat evoked potential amplitude. *Biol. Psychol.*, 139, pp. 1–7.
Judt, T. (2010). *Ill fares the land* (Penguin Books).
Kagan, J. (1971). *Change and Continuity in Infancy* (Wiley).
Kagan, J. (1981). *The Second Year* (Harvard University Press).
Kagan, J. (1994). *Galen's Prophecy* (Basic Books).
Kagan, J. (1998). *Three Seductive Ideas* (Harvard University Press).
Kagan, J. (2008). In defense of qualitative changes in development. *Child Dev.*, 79, pp. 1606–1624.
Kagan, J. (2012). *Psychology's Ghosts* (Yale University Press).
Kagan, J. (2013). *The Human Spark* (Basic Books).
Kagan, J. (2016). *On Being Human* (Yale University Press).
Kagan, J. (2017). *Five Constraints on Predicting Behavior* (The MIT Press).
Kagan, J. (2019). *Kinds Come First* (The MIT Press).
Kagan, J., Hosken, B. and Watson, S. (1961). Child's symbolic conceptualizations of parents. *Child Dev.*, 32, pp. 625–636.
Kagan, J and Moss, H. A. (1962). *Birth to Maturity* (John Wiley).
Kagan, J. and Klein, R. E. (1973). Cross-cultural perspectives on early development. *Am. Psychol.*, 28, pp. 947–961.
Kagan, J., Klein, R. E., Haith, M. M. and Morrison, F. J. (1973). Memory and meaning in two cultures. *Child Dev.*, 44, pp. 221–223.
Kagan, J., Kearsley, R. B. and Zelazo, P. R. (1978). *Infancy* (Harvard University Press).
Kagan, J., Lapidus, D. R. and Moore, M. (1978). Infant antecedents of cognitive functioning. *Child Dev.*, 49, pp. 1005–1023.
Kagan, J., Klein, R. E., Finley, G. E., Rogoff, B. and Nolan, E. (1979). A cross-cultural study of cognitive development. *Monogr. Soc. Res. Child Dev.*, 44, pp. 1–66.
Kagan, J., Reznick, J. S. and Snidman, N. (1987). The physiology and psychology of behavioral inhibition in children. *Child Dev.*, 58, pp. 1459–1473.
Kagan, J., Reznick, J. S. and Snidman, N. (1988). Biological bases of childhood shyness. *Science*, 241, pp. 167–171.

Kagan, J., Reznick, J. S. and Gibbons, J. (1989). Inhibited and uninhibited types of children. *Child Dev.*, 60, pp. 838–845.

Kagan, J., Snidman, N., Sellers, M. J. and Johnson, M. O. (1991). Temperament and allergic symptoms. *Psychosom. Med.*, 53, pp. 332–340.

Kagan, J., Arcus, D., Snidman, N., Wang, W. F., Hendler, J. and Greene, S. (1994). Reactivity in infants. *Dev. Psychol.*, 30, pp. 342–345.

Kagan, J. and Snidman, N. (2004). *The Long Shadow of Temperament* (Harvard University Press).

Kagan, J. and Herschkowitz, N. (2005). *A Young Mind in a Growing Brain* (Lawrence Erlbaum Associates).

Kagan, J., Snidman, N., Kahn, V. and Towsley, S. (2007). The preservation of two infant temperaments into adolescence. *Monogr. Soc. Res. Child Dev.*, 72, pp. 1–75.

Kantonen, T., Karljalainan, L., Isojavarvi, J., Nuutila, P., Tvisku, J., Rinne, J., Hietala J. and...Nummenmaa, L. (2020). Interindividual variability and lateralization of mu-opioid receptors in the human brain. *Neuroimage*, 217, p. 116922.

Kearsley, R. B. (1973). The newborn's response to auditory stimulation. *Child Dev.*, 44, pp. 582–590.

Kermode, F. (1995). *Not Entitled* (Farrar, Straus and Giroux).

Kimmel, M. (2012). *Manhood in America, 3rd ed.* (Oxford University Press).

Kinney, D. K., and Kagan, J. (1976). Infant attention to auditory discrepancy. *Child Dev.*, 47, pp. 151–164.

Kittilsen, S., Scholden, J., Beitnes-Johansen, J., Shaw, J. C., Pottinger, T. G., Sorensen, C., Braastad, B. O., Bakken, M. and Overli, O. (2009). Melanin-based skin spots reflect stress responsiveness in salmonid fish. *Horm. Behav.*, 56, pp. 292–298.

Kodera, K., Yamana, H., Yamana, O. and Suzuki, J. L. (1977). The effect of onset, offset, and rise decay times of tone bursts on brain stem response. *Scand. Audiol.*, 6, pp. 205–210.

Kristen, S., Sodian, B., Licata, M., Thoermer, C. and Poulin-Dubois, D. (2012). *Infant Child Dev.*, 21, pp. 634–645.

Kuhl, P. (1991). Human adults and human infants show a perceptual magnet effect for the prototypes of speech categories; monkeys do not. *Percept. Psychophys.*, 50, pp. 93–107.

Kutas, M. and Federmeier, K. D. (2011). Thirty years and counting. Eds. Fiske, S. T., Schacter, D. L. and Taylor, S. E. *Ann. Rev. Psychol.*, 62, pp. 621–647.

La Gasse, L. L., Gruber, C. P. and Lipsitt, L. P. (1989). The infantile expression of avidity in relation to later assessments of inhibition and attachment. Ed. Reznick, J. S. *Perspectives on Behavioral Inhibition* (University of Chicago Press), pp. 159–176.

Learmonth, A. E., Newcombe, N. S. and Huttenlocher, J. (2001). Toddlers' use of metric information and landmarks to reorient. *J. Exp. Child Psychol.*, 80, pp. 225–244.

Lee, K. H. and Siegle, G. J. (2014). Different brain activity in response to emotional faces alone and augmented by contextual information. *Psychophysiology*, 51, pp. 1147–1157.

Lefevre, C. E., Wilson, V. A., Morton, F. B., Brosnan, S. E., Paukner, A. and Bates, T. C. (2014). Facial Width-To-Height Ratio Relates to Alpha Status and Assertive Personality in Capuchin Monkeys. *PLoS ONE*, 9, e93369.

Levine, R. V. (2003). The kindness of strangers. *Am. Sci.*, 91, pp. 226–233.

Lewis, M. and Brooks-Gunn, J. (1979). *Social Cognition and the Acquisition of Self* (Plenum).

Littenberg, R., Tulkin, S. R. and Kagan, J. (1971). Cognitive components of separation anxiety. *Dev. Psychol.*, 4, pp. 387–388.

Liu, N., Hadj-Bouziane, F., Jones, K. B., Turchi, J. N., Averbeck, B. B. and Ungerleider, L. G. (2015). Oxytocin modulates fMRI responses to facial expression in macaques. *Proc. Natl. Acad. Sci.*, 112, pp. E123-E130.

Liu, C. H., Snidman, N., Kagan, J. and Tronick, E. (2020). Effect of maternal distress on perceptions of infant behavior may differ in Chinese-American and European-American mothers and infants. *J. Dev. Behav. Pediatr.*, 41, pp. 212–220.

Liu, S., Seidlitz, J., Blumenthal, J. D., Clasen, L. S. and Raznahan, A. (2020). Integrative structural, functional, and transcriptomic analyses of sex- biased organization in humans. *Proc. Natl. Acad. Sci.*, 117, pp. 18788–18798.

Loewy, A. D. (1990). Anatomy of the autonomic nervous system. Eds. Loewy, A. D. and Spyer, K. M. *Central Regulation of Autonomic Function* (Oxford University Press), pp. 3–16.

Logothetis, N. (2020). Q & A. *Neuron*, 201, pp. 884–889.

Luecken, J. L. and Roubinow, D. S (2013). Differential associations between childhood maltreatment experiences and social understanding. *Dev. Rev.*, 33, pp. 1–28.

Maley, M. J., Eglin, C. M., House, J. R. and Tipton, M. J. (2014). The effect of ethnicity on the vascular responses to cold exposure of the extremities. *Eur. J. Appl. Physiol.*, 114, pp. 2369–2379.

Markman, E. M. (1992). Constraints on word learning. Eds. Gunnar, M. R. and Maratsos, M. *Modularity and Constraints on Language and Cognition* (Erlbaum), pp. 59–102.

Maroder, M., Bellavia, D., Vacca, A., Falli, M. P. and Screpanti, I. (2000). The thymus at the crossroad of neuroimmune interactions. *Ann. N. Y. Acad. Sci.*, 917, pp. 741–747.

Martinez, M. and Ballabriga, A. (1978). A chemical study of the development of the human forebrain and cerebellum during the brain growth spurt period. *Brain Res.*, 29, pp. 351–362.

Martinez, R. I., Voelcker, B., Zaltsman, J. B., Patrick, J. R., Stevens, T. R., Connors, B. U. and Cruickshank, S. J. (2020). Two dynamically distinct circuits drive inhibition in the sensory thalamus. *Nature*, 583, pp. 813–818.

Matsubayashu, M., Sawada, Y. and Ueda, M. (2014). Does the installation of blue lights on train platforms shift suicide to another installation? *J. Affect. Disord.*, 169, pp. 57–60.

Mason, R. A. and Just, J. A. (2020). Neural representations of procedural knowledge. *Psychol. Sci.*, 31, pp. 729–740.

Milgram, S. (1974). *Obedience to Authority* (Harper Row).

Mogil, J. S. (2012). Sex differences in pain and pain inhibition. *Nat. Rev. Neurosci.*, 13, pp. 859–866.

Moisin, L. (2008). *Kid Rex* (ECW Press).

Moseley, R. L. and Pulvermuller, F. (2014). Nouns, verbs, objects, actions, and abstractions. *Brain Lang.*, 132, pp. 28–42.

Muris, P., Merckelbach, H., Mayer, B. and Prins, E. (2000). How serious are common childhood fears? *Behav. Res. Ther.*, 38, pp. 217–228.

Mrzljak, L., Uylings, H. B. H., Van Eden, C. G. and Judas, M. (1990). Neuronal development in human prefrontal cortex in prenatal and postnatal stages. *Prog. Brain Res.*, 85, pp. 85–122.

Muthukrishna, M., Bell, A. V., Henrich, J., Curtin, C. M., Gedranovich, A., McInerney, J. and Thue, B. (2020). Beyond Western, educated, industrial, rich, and democratic (WEIRD) psychology. *Psychol. Sci.*, 31, pp. 678–701.

Nobre, M. S. and Brandao, M. L. (2011). Modulation of auditory evoked potentials recorded in the inferior colliculus by GABA-ergic mechanisms in the basolateral and central nuclei of the amygdala in high and low anxiety rats. *Brain Res.*, 142, pp. 20–29.

Nolan, E. and Kagan, J. (1978). Psychological factors in the face-hands test. *Arch. Neurol.*, 35, pp. 41–42.

Novey, M. S. (1975). *The development of knowledge of others' ability to see*. Unpublished doctoral dissertation, Harvard University.

Ogembo, J. M. (2001). Cultural narratives, violence, and mother-son loyalty. *Ethos*, 29, pp. 3–29.

Osgood, C. E., May, W. H. and Miron, M. S. (1975). *Crosscultural Universals of Affective Meaning* (University of Illinois Press).

Oswald, A. J. and Wu, S. (2010). Objective confirmation of subjective measures of human well-being. *Science*, 327, pp. 576–577.

Oz, A. (2003). *A Tale of Love and Darkness* (Harcourt).

Pelphrey, K. A., Reznick, J. S., Goldman, B. D., Sasson, N., Morrow, J., Donahue, A. and Hodgson, K. (2004). Development of visuo-spatial short-term memory in the second half of the first year. *Dev. Psychol.*, 40, pp. 836–851.

Phillips, F. and Fleming, R. W. (2020). The Vestigial Virgin illustrates visual segmentation of shape by cause. *Proc. Natl. Acad. Sci.*, 117, pp. 11735–11743.

Rabinowicz, T. (1979). The differentiate maturation of the human cerebral cortex. Eds. Falkner, F. and Tanner, J. M. *Human Growth* (Plenum), pp. 97–123.

Rahal, D., Huynh, V., Cole, S., Seeman, T. and Fuligini, A. (2020). Subjective social status and health during high school and young adulthood. *Dev. Psychol.*, 56, pp. 1220–1232.

Rawls, J. (1971). *A Theory of Justice* (Harvard University Press).

Reyes, L. D., Wijeakumar, S., Magnotta, V. A., Forbes, S. H. and Spencer, J. P. (2020). The functional brain networks that underlie visual working memory in the first two years of life. *NeuroImage*, 219, p. 116971.

Rich, A. (1973). *Diving into the Wreck* (W. W. Norton).

Rosenberg, A. and Kagan, J. (1989). Physical and physiological correlates of behavioral inhibition. *Dev. Psychobiol.*, 22, pp. 253–270.

Rosenberg, A. and Kagan, J. (1987). Iris pigmentation and behavioral inhibition. *Dev. Psychobiol.*, 20, pp. 377–392.

Rohrer, J. M. (2018). Thinking clearly about correlations and causation. *Adv. Methods Pract. Psychol. Sci.*, 1, pp. 27–42.

Rozin, P., Rozin, R., Appel, B. and Wachtel, C. (2006). Documenting and explaining the common AAB pattern in music and humor. *Emotion*, 6, pp. 349–355.

Rubin, K. H., Hastings, P. D., Stewart, S. L., Henderson, H. A. and Chen, X. (1997). The consistency and concomitants of inhibition. *Child Dev.*, 68, pp. 467–483.

Sabbagh, K. (2009). *Remembering Our Childhood* (Oxford University Press).

Sakaki, M., Yoo, H. J., Nga, L., Lee, T. H., Thayer, J. F. and Mather, M. (2016). Heart rate variability is associated with amygdala functional connectivity with MPFC across younger and older adults. *NeuroImage*, 139, pp. 44–52.

Saffran, J. R. (2003). Statistical language learning. *Curr. Dir. Psychol. Sci.* 12, pp. 110–114.

Salinas, J., Mills, E. D., Conrad, E. L., Koscik, T., Andreasen, N. C. and Nopoulos, P. (2012). Sex differences in parietal lobe structure and development. *Gend. Med.*, 9, pp. 44–55.

Saysani, A. (2019). How the blind see colors. *Perception*, 48, pp. 237–241.

Schade, J. P. and Ford, D. H. (1973). *Basic Neurology, 2nd ed.* (Elsevier).

Schwartz, C. E., Wright, C. L., Shin, L., Kagan, J. and Rauch, S. L. (2003). Inhibited and uninhibited infants "grown up". *Science*, 300, pp. 1952–1953.

Schwartz, C. E., Kunwar, P. S., Greve, D. N., Kagan, J., Snidman, N. and Bloch, R. B. (2011). A phenotype of early infancy predicts reactivity of the amygdala in male adults. *Mol. Psychiatry*, 17, pp. 1042–1050.

Seedat, S., Scott, K. M., Angermeyer, M. C., Bromet, E. J., Brugha, T. S., Demyttenaere, K. and… Kessler, R. C. (2009). Cross-national associations between gender and mental disorders in the World Health Organization world mental health surveys. *Arch. Gen. Psychiatry,* 66, pp. 785–795.

Shweder, R. A., Turiel, E. and Much, N. C. (1981). The moral intuitions of the child. Eds. Flavell, J. H. and Ross, J. *The Emergence of Morality in Young Children* (Cambridge University Press), pp. 288–305.

Smith, S. H. Remarks on education. Ed. Rudolph, F. *Essays on Education in the Early Republic* (Harvard University Press), pp. 167–224.

Snidman, N., Kagan, J., Riordan, L. and Shannon, D. C. (1995). Cardiac function and behavioral reactivity during infancy. *Psychophysiology*, 32, pp. 199–207.

Sperry, R. W. (1972). Science and the problem of values. *Perspect. Biol. Med.*, 16, pp. 115–130.

Stearns, P. N. and Haggerty, T. (1991). The role of fear. *Am. Hist. Rev.*, 96, pp. 63–94.

Stern, H., Arcus, D., Kagan, J., Rubin, D. B. and Snidman, N. (1994). Statistical choices in infant temperament research. *Behaviormetrika*, 21, pp. 1–17.

Stevens, W. (1955). *Collected Poems of Wallace Stevens* (Faber and Faber).

Sutherland, S. (1976). *Breakdown* (Weidenfeld & Nicolson).

Theall-Honey, L. A. and Schmidt, L. A. (2006). Do temperamentally shy children process emotion differently than nonshy children? *Dev. Psychobiol.*, 48, pp. 187–196.

Thomas, A., Chess, S. A. and Birch, H. G. (1969). *Temperament and Behavior Disorders in Children* (New York University Press).

Thoresen, S., Jensen, T. K., Wentzel-Larsen, T. and Dyb. G. (2016). Parents of terror victims. *J. Anxiety Disord.*, 38, pp. 47–54.

Tomasello. M. and Vaish, A. (2013). Origins of human cooperation and morality.

Ann. Rev. Psychol., 64, pp. 231–255.

Torrey, E. F. and Yolken, R. H. (2018). How statistics killed the cat. *Psychol. Med.*, 48, p. 175.

Tung, E. S. and Brown, T. A. (2020). Distinct risk profiles in social anxiety disorder. *Clin. Psychol. Sci.*, 8, pp. 477–490.

Turkheimer, E., Haley, A., Waldron, M., D'Onorio, B. and Gottesman, I. I. (2003). Socioeconomic status modifies heritability of IQ in young children. *Psychol. Sci.*, 14, pp. 623–638.

Updike, J. (1989). *Self-Consciousness* (Ballantine Books).

Walter, K. V., Conroy-Beam, D., Buss, D. M., Asao, K., Sorokowska, A., Sorokowska, P., Aavik, T. and...Zupancic, M. (2020). Sex differences in mate preferences across 45 countries. *Psychol. Sci.*, 31, pp. 408–423.

Watts, T. W., Duncan, G. J. and Quan, H. (2018). Revisiting the marshmallow test. *Psychol. Sci.*, 29, pp. 1159–1177.

Weissman, M. M., Berry, O. O., Warner, V., Gameroff, M. J., Skipper, J., Talati, A., Pilowsky, D. J. and Wickmaratne, P. (2016). A 30-year old study of three generations of at-risk for and low risk for depression. *JAMA Psychiatry*, 73, pp. 970–977.

Werner, E. and Smith, R. S. (1982). *Vulnerable but Invincible* (McGraw Hill).

Whitaker, R. (2010). *Anatomy of an Epidemic* (Crown).

Whitehead, A. N. (1953). *Science and the Modern World* (Cambridge University Press).

Whiting, B. and Whiting, J. W. M. (1975). *Children of Six Cultures* (Harvard University Press).

Wiener, K. and Kagan, J. (1976). Infants' reaction to changes in orientation of figure and frame. *Perception*, 5, pp. 25–28.

Wilkie, J. E. and Bodenhausen, G. V. (2012). Are numbers gendered? *J. Exp. Psychol. Gen.*, 141, pp. 206–210.

Wiedemann, G., Pauli, P., Dengler, W., Lutzenberger, W., Birbaumer, N. and Buchkremer, G. (1999). Frontal brain asymmetry a biological substrate of emotions in patients with panic disorder. *Arch. Gen. Psychiatry*, 56, pp. 78–84.

Wittling, W. (1995). Brain asymmetry and the control of autonomic physiological activity. Eds., Davidson, R. J. and Hugdahl, K. *Brain Asymmetry* (Cambridge University Press), pp. 305–357.

Woodward, S. A., McManis, M. H., Kagan, J., Deldin, P., Snidman, N., Lewis, M. and Kahn, V. (2001). Infant temperament and the brainstem auditory evoked response in later childhood. *Dev. Psychol.*, 37, pp. 535–538.